橋爪大三郎

面白くて眠れなくなる江戸思想

PHP

面白くて眠れなくなる江戸思想

Remarkable Thinkers In Edo Period
By
Daisaburo Hashizume
PHP Editors Group, Tokyo 2024:09

はじめに

江戸時代。

なんとなく、ブラックボックス。いまの自分と関係があるような気がしない。

江戸時代について知っていることを言いなさい。そう聞かれたら、いろいろ単語を並べることはできる。日本史の時間にまる暗記した。

でもその時代を、生きていた日本人がいた。その彼らがものを考え、時代と格闘してくれたおかげで、いまの日本がある。そう思えることが、日本のこの先を切り開くのに、大事な足場になるだろう。

*

江戸時代。

日本のことなのに、西欧の歴史より遠い世界だ。

西欧の歴史は、それなりにたどれる。何がどうなっていまの世界が築かれたのか、だいたいのストーリーを追える。自分の国より、よその国のことがよくわかる。これは奇妙ではないだろうか。

日本人に、江戸時代のことを聞くと、宮本武蔵、赤穂浪士、新撰組、みたいな答えが返ってくる。ドン・キホーテ、三銃士、ナポレオン、で西欧の歴史を理解するみたいな話だ。乱暴すぎる。

日本には、時代劇というものがある。戦国武将も人気がある。でもこれらは、要するに、サラリーマン物語だ。日本が江戸時代と関係ない社会になったあと、自分たちに都合のいいイメージを過去に投影しているのだ。

＊

江戸時代。

私たちの父祖の時代を取り戻そう。

その時代に、どんな人間がいて、どんな課題と取り組んだのか。それを、共感しながら知ろう。そして考えよう。共感できなければ、自分のことにならない。理解もできない。

この本は、江戸時代に生きた、一二人の人物を取り上げる。

教科書に出てくる名前である。でも彼らは生きていた。血が通っていた。その人物を、その大きさのまま、理解しよう。知り合いになろう。江戸時代を取り戻し、江戸時代をユニークな自分史として取り戻す。これは冒険である。

江戸思想。

＊

言葉は硬いが、言っていることは簡単だ。あなたがあの時代に生まれたら、何を考えましたか。将来（つまり、いまのあなた）に、何を残したいですか。あの時代の、どんなことに共感できますか。

時代が違えば、考える材料が違う。言葉も表現も、違ってくる。では、まるで理解し合えないのか。

いまの時代もやがて、つぎの時代に変わっていくだろう。つぎの時代の人びとに、いまの時代（いまのあなた）はどうみえるだろう。古くさくみえるだけか。いや、いまの時代のあなたが悪戦苦闘して、さまざまな課題に取り組んだから、つぎの時代が開けたのではないか。いまの時代はつぎの時代と、つながっているのではないか。それがつぎの時代の人びとにわかってもらえないなら、悲しくはないか。

同じように、江戸時代の人びとも、いまの時代のあなたに理解されるのを待っている。いまの時代のあなたは、その声を聞こうとしないだけだ。いや、この本を手にしたあなたは、もうその声が聞こえている。大丈夫、それはいまの時代に希望がある証拠だ。

＊

それでは、江戸思想のワンダーランドにご案内しよう。

これは、いまの時代のあなたに届ける、ほんの予告編のようなもの。予告編だから短い。わくわく、ドキドキ、楽しんでもらえるとよい。できれば、予告編のあとは本編にチャレンジして、もっと大きな宝物を手に入れてくださるように。

目次

1

徳川光圀《とくがわみつくに》

ツッパリのヤンキーが
立ち直ったのは儒学のおかげ

ティーンエイジャーの徳川光圀《とくがわみつくに》は、パンクだった。思いっ切りツッパっていた。いまも水戸あたりにヤンキーがいるとしたら、その子孫かもしれない。

＊

徳川光圀といえば、水戸の黄門さまだ。助さん、格さんをお供に、全国を漫遊し、悪代官を成敗する。

控えろ、控えろ、頭が高いっ！　この印籠《いんろう》が目に入らぬか。ここにおわすは誰あろう、天下の副将軍、水戸光圀公にあらせられるぞぉ！　ははーっ。一同、平伏する。昔よくテレビに流れていた。お茶の間でおなじみだ。

でもこれは、まったくのつくり話。ほんものの徳川光圀とは関係ない。そもそも徳川光圀は、江戸と水戸の間を往復するだけで、ほとんど旅をしていない。

＊

ではなぜ、徳川光圀は、そんなキャラクターにまつり上げられたのか。

それは、徳川光圀が、大物だから。出来あがったばかりの江戸幕府が、果たして長続きするのか、先の先まで見ようとした、知識人だからだ。江戸幕府の終わりや明治維新さえ、うっすら見えていたかもしれない。

だから、『面白くて眠れなくなる江戸思想』で最初に取り上げるのは、徳川光圀なのである。この人物を入り口にすれば、江戸三百年の人びとが何を考え、どう生きてきたのか、ありありと実感できる。

家康の孫

なぜ徳川光圀は、若いころツッパっていたのだろう。

それは、彼の生まれと関係がある。

＊

徳川光圀は、徳川家康の孫である。なんと！　生まれがよすぎる。

徳川光圀の父は、頼房《よりふさ》。家康の一一男だった。

徳川頼房が初代の水戸藩主となったのは、七歳のとき（慶長一四＝一六〇九年）。藩主となっても頼房は、駿府《すんぷ》の家康のもとにいて、水戸は家老が治めていた。家康が亡くなると、頼房は江戸に移り、幕府の重要会議にも出席するようになる。水戸にはときどき、二カ月ほど滞在するだけだ。

＊

頼房は正室がおらず、側室が何人もいた。その中で、お勝が羽振りがよかった。光圀の母は、側室のお久だった。お勝は嫉妬深くて気が荒い。ひと悶着あるところだ。お腹の大きいお久は、頼房の手配で家臣（三木之次《みきゆきつぐ》）の水戸の屋敷に預けられ、そこでこっそり光圀を産んだ。光圀は、長《ちょう》（長丸、長松）と呼ばれた。

久子は実はもう一人、頼房の子を産んでいた。光圀の六歳年長の兄、頼重《よりしげ》だ。久子はそのとき、まだ側室でもなかった。やはり人目を忍んで、三木之次の江戸の屋敷にかくまわれた。頼重はそこで生まれ、九歳のときに、ツテを頼って京都の寺に預けられた。

頼重も光圀も、側室のお勝の手前、堕胎されたことになっていたらしい。生まれたものの、正式に披露するわけにはいかない。大名の家庭はしばしばこんな具合に、複雑なのである。

世子となって

側室のお勝は、男児亀丸を生んだ。でも病弱で、光圀が生後五カ月のころ、四歳で亡くなってしまった。光圀が「長」と名づけられたのは、跡取りになってほしいという思いもあったのかもしれない。

光圀の幼少時代は、両親がどちらも一緒にいないし、身分も不安定で、心細かったろう。

*

光圀は六歳のとき、世子（後継ぎ）として江戸に移った。小石川の藩邸に入り、名も千代松と改めた。

側室はそれぞれ子を生んでいたから、誰が後継ぎとなるかは、ややこしい問題だった。将軍から指示があったので、家臣（第三者委員会）が合議で選考しました、という体裁でことが進んで、父・頼房は表に出なかった。でも光圀を世子《せいし》としたのは、頼房の意向なのだった。

翌年、光圀は将軍家光にお目通りがかなった。世子として認められた。

*

光圀が江戸の藩邸に入る前、兄の頼重も、京都から藩邸に呼び寄せられていた。関係者が運動した結果、幕府の許可が下りたのだ。

頼重は藩邸に入るとすぐ疱瘡《ほうそう》にかかって、寝ついてしまった。回復したのは一年以上経ってからだ。光圀が弟なのに世子となったのは、こんな事情もあったからかもしれない。

徳川御三家

水戸徳川家の格付けについて、説明しておこう。

家康の子を始祖とする尾張徳川家、紀伊徳川家、水戸徳川家を、御三家という。ただこの言い方が定着したのは、五代綱吉のころのこと。光圀の時代の水戸徳川家は、ほかの二家（尾張や紀伊）よりやや格下の扱いだった。

この御三家は、名古屋、大坂、江戸ににらみをきかす、戦略的な要衝にある。また将軍家の系統が途絶えた場合、養子を出す約束もあった。だから将軍家は、御三家の後継ぎが決まらないと困るのだ。

＊

御三家の藩主はだいたい、江戸の藩邸にいて、地元を留守にしている。将軍家と、御三家のトップは江戸に集まっていて、いつも行き来し、人的交流が密である。光圀がそんなサークルの一員になるのは、大変なプレッシャーだったろう。

水戸にいたころは、近所の子どもと遊んでいればよかった。江戸の藩邸に移ってからは、同年代の気軽な遊び相手がいない。しかも立場は次期藩主。これまでと勝手が違って、戸惑うばかりだ。

漢学を学ぶ

藩主は、ボンクラではつとまらない。

手習いや漢文の素読《そどく》が始まった。藩邸には、藩士の子弟も多く住む。塾みたいなものがあったはずだ。

九歳のとき元服し、光国と名のった。（光圀と改めるのは五六歳のときだ。）

兄の頼重はおとなしい性格だった。光圀は強情で負けず嫌いだった。乗馬も水泳も得意だった。活発で元気だが学問もしなければならない。一三歳になると、頼房側近の重臣三名が教育係に任命された。

ツッパリ不良少年

ところが光圀はグレてしまった。反抗期である。一七歳ごろまで手がつけられないほどひどかった。

もめんの服を、派手な色柄に染めたのを着て、肩肘はって通りをのし歩く。ビロードの襟をつけ、帯に差した刀をうんと前に突き出して。パンクのあんちゃんだ。身分の低い長屋のワル仲間とつるんで、遊廓や賭場などにも入り浸る。当時の風俗の最先端は、こういう「かぶきもの」スタイルだった。

当時ちょうど、三味線が流行り始めた。やたらうるさい。まあ、エレキギターだ。光圀は三味線に凝って、ジャカジャカジャカチンチャラとかき鳴らす。教育係の困った顔が目に浮かぶようである。

父の頼房も手を焼いたことだろう。もっとも頼房自身も、若いころはけっこう素行が悪かったというから、似たもの親子だ。

＊

決まったレールの上を歩かされる人生なんか、真っぴらごめんだ。そんな反抗心が湧いてくる。自我を確立しようとする、手さぐりの時期の特徴だ。

もうひとつ光圀を悩ませたのは、兄の頼重にすまないと思っていることだ。

兄は自分より、人柄が立派である。学問もよくできる。若いころから家を出て苦労もしている。尊敬するが、敵わないところが癪《しやく》でもある。その兄を差し置いて、自分が心ならずも世子になってしまった。兄は庶子のまま。逆ではないのか。自分は藩主にふさわしいのか。これがグレずにおられようか。

でもグレたとて、自分を責める気持が晴れるわけではない。

伯夷叔斉

そんなあるとき、光圀は司馬遷《しばせん》『史記』の列伝のうち、伯夷叔斉《はくいしゆくせい》の記事を読んで、ビリビリ雷に打たれるような衝撃を受けた。

それは、こんなストーリーだ。

*

殷《いん》の時代の末期のこと（殷は、中国の二番目の王朝である）。その最後の王である紂王《ちゆうおう》は暴君で、世の中は乱れていた。

殷に、孤竹《こちく》という国があった。伯夷と叔斉は、その君主の息子兄弟である。父は弟の叔斉を跡取りにすると決めた。父が死ぬと、叔斉は位を兄の伯夷に譲った。兄の伯夷は、弟の叔斉が継ぐのが父の命令だと言って、国を去った。叔斉も、兄の伯夷を追って国を去った。孤竹の人びとは二人が去ったので、ほかの子を君主に立てた。

伯夷と叔斉は、西伯《せいはく》が立派な人物だと聞き、仕えるため彼のもとに向かった（西伯は、紂王の大臣だった）。だが着いてみると、西伯は死んだところだった。西伯の子（武王）は、西伯の位牌を奉じて、紂王を討とうと軍を起こした。伯夷と叔斉は、葬式をしないのは孝でない、君主を討つのは忠でない、と止めようとした。武王は聞かずに出陣し、紂王を討ち滅ぼし、殷に代わって周《しゅう》の国を建てた。

伯夷と叔斉は、暴君の建てた周の国の穀物は口にしないと、首陽山《しゅようざん》という山に入ってわらびを食べて暮らし、ついに餓死した。

*

孔子は、伯夷叔斉の兄弟を絶賛した。人びとの鑑《かがみ》であり、聖人である。儒学を学ぶと、誰もが教わる定番の物語だ。

このストーリーのどこが、光圀に刺さったのか。

兄と弟が位を譲りあう。兄は弟のために国を去り、弟は兄を追って国を去る。そして二人は、儒学の理想を実現するため、優れた君主に仕えようとする。君主が原則に外れれば、命を懸けて抗議し、決して妥協しない。人知れず山中で命果ててもかまわない。そうだ、この世界が不完全でも、儒学の理想が輝けば、そしてその理想に殉じる人びとがいれば、よいではないか。自分が理想に殉じるそのひとりなら、それはまっとうな人生ではないか。

光圀はこう思って、これまでの自分を恥じた。兄は弟を思っている。弟の自分は兄を思っている。それで十分であろう。グレてる場合か。

光圀の回心

雷に打たれたように、自分の生き方を改める。これを回心（conversion）という。光圀は回心をとげた。

*

光圀はまず、いまこの自分を捉えている悩みが、二千年も前の中国の古典にそっくりそのまま書かれていたことに、驚いた。

儒学の理想に従って、考え行動する。兄と弟の関係も整理されるし、そのほかの悩みも迷いも解決する。儒学は、いまの日本を自分たちが生きる規準だ。社会を整える原則だ。光圀も、当時の多くの武士たちも、儒学に触れて驚き、「儒学原理主義者」

になったのだろう。
そして光圀は、兄の頼重と和解しようと思った。光圀は、兄に位を譲りたい。だが実際問題、それは不可能だ。兄だって同意しない。ではどうする。兄の子を自分の養子にして、藩主の地位を、兄の子に譲ればよい。つぎの世代で、懸案が解決するではないか。

*

光圀は、学問を真面目にやる覚悟も決めた。ツッパったりして、時間をムダにしてしまった。学問のなかに、社会の混乱を解決し日本を正しくするカギがある。自分の生き方と、自分の地位がかっちり噛み合った。誰かに与えられたレールの上を言われたままに歩くのではない。藩主の地位こそ、自分が引き受け選び取った、いや、天命として自分に与えられた人生なのだ。

兄・頼重と子を交換

兄の頼重は、常陸下館藩五万石、そのあと讃岐高松藩一二万石の藩主となった。光圀は、兄の頼重の子を養子にして、水戸藩を継がせようとした。

1
徳川光圀

◆水戸徳川家略系図

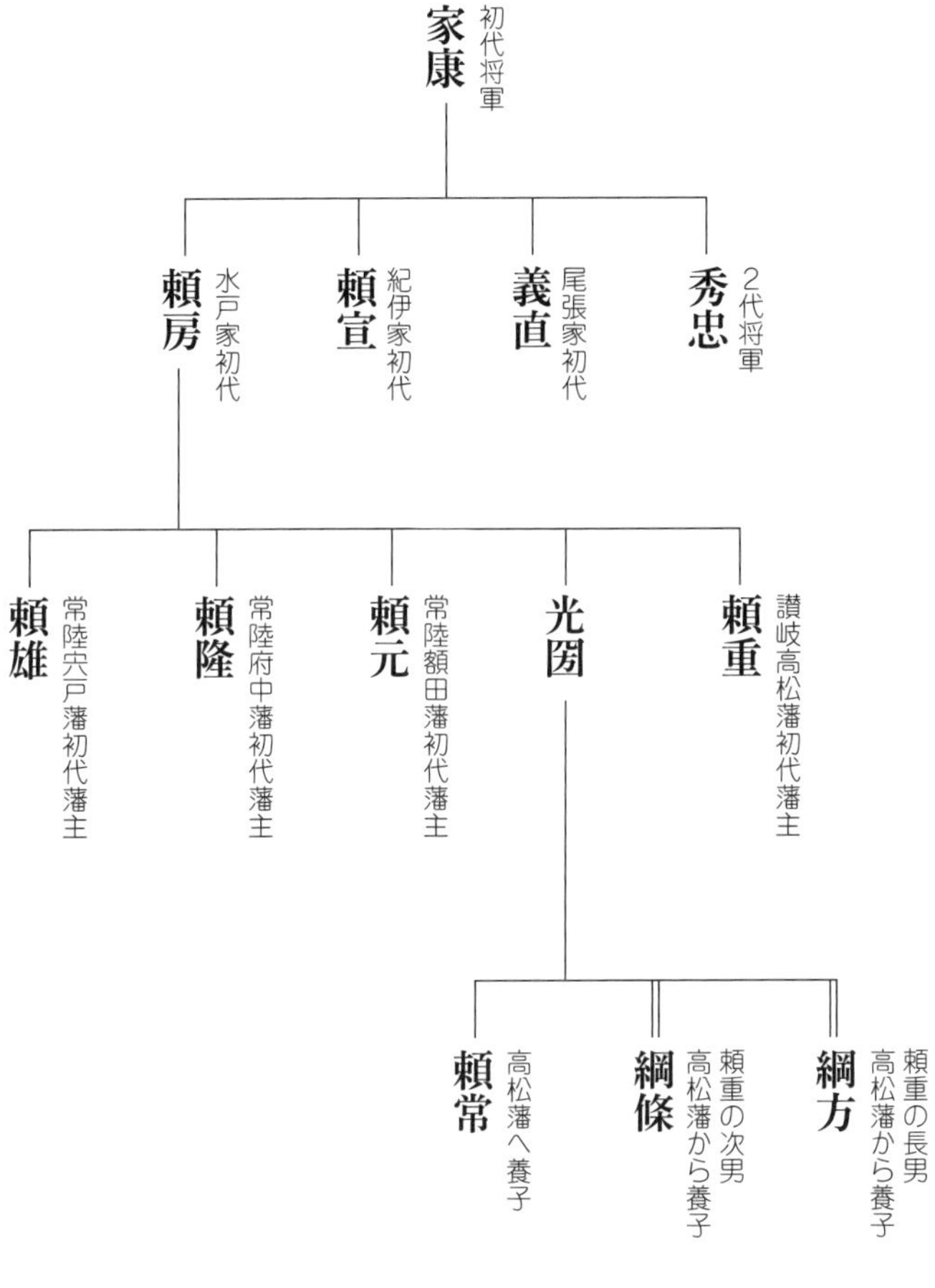

頼重に長男の綱方《つなかた》が生まれると養子にし、次男の綱條《つなえだ》も養子にして、水戸藩に引き取った。綱方は死亡したので、弟の綱條が光圀のあとを継いで、第三代の藩主となった。

＊

いっぽう光圀は、まだ結婚する前、侍女のひとりを妊娠させた。それを知った家臣が彼女の身柄を引き取り、秘かに出産させた。生まれたのが頼常《よりつね》である。その事情が頼重に伝わると、自分が引き取って育てようという返事。そこで頼常は高松に送られた。光圀はあとでこのことを聞いて、ちょっと待ってよと思ったかもしれないが、もう兄が育てているのでどうしようもない。頼常はのち、頼重を継いで高松藩主となっている。

頼重と光圀は、こうして子ども同士を交換し、めいめいの世継ぎとしたのだ。

弟はスペア

光圀は、弟なのに後継ぎになった。

後継ぎは長男なのが決まりだ。弟はただのスペア（予備）。弟の悩みは深いのである。

＊

戦国時代なら、弟にも出番があった。合戦は、人数がものを言う。弟も鎧兜に身を固め、兄と共に戦う。それに戦場ではよくひとが死ぬ。兄が死ねば弟が後継ぎだ。立場があった。

江戸時代になると、戦争はなくなった。元和偃武《げんなえんぶ》（戦争禁止）だ。石高（ＧＤＰ）も固定され、イエの規模や総数も固定された。

イエの後継ぎは一人である。長男が病気で死ぬかもしれないから、弟はいたほうがいい。長男が無事に成人すれば、弟は用済みだ。「部屋住み」といって、引きこもりみたいな状態で一生を終える。武士は、町人や農民の仕事をするのは禁止だから、やることがない。

弟はだから、他家の養子となってイエを出る。あるいは、男子の後継ぎのいない他家の娘に婿入りして、後継ぎになる。それしかない。それには、評判がよくなければならない。勉強のできる子は、学業をがんばる。体育会系なら、剣術をがんばる。ふだんから、他家の家風になじめるように、性格を素直にしておく。そうすると運よく他家と縁組みがあって、イエを出られるかもしれない。実家より格上のイエの後継ぎになれればしめたものだ。

江戸時代、学問をしっかりがんばったのは、だから弟が多い。弟は弟に生まれたばかりに、いまでいう非正規かフリーターだ。武家社会は、おおぜいの弟たちが悩み苦しむ社会なのだった。

水戸藩は貧乏

光圀が第二代藩主になった水戸藩は、どんな藩なのか。

農業がふるわず、貧乏だった。

光圀が藩主になった当時の石高は、二五万石。あとで三五万石に増やしたが、格付けのため背伸びした水増しで、そこまでの収量はない。

水戸藩には譜代の家臣もいなかった。将軍家には三河時代からの家臣が旗本として従っている。水戸藩は、新規に家臣をかき集めた。気づけば人数が増え、財政を圧迫した。また水戸藩は、参勤交代を免除され、江戸に本拠を置いている。江戸は物価が高い。家臣は江戸と水戸の二重生活になり、これも経費がかさんだ。

光圀も、それ以降の代々の藩主も、藩の経営に苦労している。

学問に励む

さて、回心した光圀は、学問にエネルギーを集中した。

学ぶのはまず、朱子学。朱子学は宋の時代に興った儒学の一派で、朱子が創始者。明の時代に、正統の地位を確立した。徳川家康は、朱子学を学ぶよう、全国の武士に強く勧めた。

朱子学は、四書五経を基本テキストとする。どの本をどの順番で読むか、だいたい決まっている。光圀も朱子学の標準に従って勉強したろう。

当時、日本の儒学をリードしていたのは、林羅山《はやしらざん》だった。光圀は羅山とも交流した。羅山は、光圀は学力が高いとほめている。

＊

もうひとつ光圀が学んだのは、和歌などの日本文学。そして日本歴史だった。

儒学は、中国で生まれた普遍思想で、世界全体にあてはまる。儒学の古典を読んでも、日本のことが書いてあるわけではない。それに対して、日本文学や日本歴史は、このローカルな日本社会についての学びである。

儒学（朱子学）と、日本歴史。この両方を軸にして、光圀の知性がこれからの時代を動かす渦をつくっていく。

史局をつくる

折から、明暦の大火（一六五七）で、江戸市中がかなり焼けてしまった。水戸藩の藩邸も焼けた。三〇歳になった光圀は、焼けなかった茶屋の建物を「史局」にして、日本史の研究を始めることにした。ちょうど林羅山が亡くなり、林羅山がせっかく集めた史料が火事で焼けてしまったこともあった。

*

日本の歴史を書くといっても、簡単でない。

中国では、司馬遷の『史記』以来、王朝が交替するたびに前の王朝の歴史を書く決まりである。だから何冊もの歴史書（正史）が書かれてきた。歴史は国家的な事業なのだ。

日本でもこれを真似して、日本書紀が編纂《へんさん》された。そのあと何冊か書かれたが、途切れてしまい、「正史」にあたる書物はそのあと存在しない。それならこの際、日本の通史をいっぺんに書いてしまおう。壮大で野心的なプランである。優秀な学者を揃え、史料も集めなければならない。手間も資金もかかる。光圀は、水戸藩をあげてこの事業に取り組むことに決めた。

＊

日本史の編纂事業は、光圀の生涯を通じて続けられた。光圀の没後も続けられ、その成果『大日本史』が刊行されたのは、なんと、明治三九（一九〇六）年のことだった。

光圀は、かなりの資金をこの事業に注ぎ込んだ。貧乏な水戸藩にとっては大きな負担だ。だがこの事業は、日本の歴史の流れに大きな影響を与えた。水戸藩は、尊皇思想の拠点のひとつになった。その思想が日本を動かした。明治維新は、光圀が日本史の編纂を始めなければ、実現しなかったかもしれないのだ。

寺社整理

もうひとつ光圀の重要な政策は、寺社整理である。

一六六三年に、村ごとに「開基帳《かいきちょう》」を出させた。寺社それぞれの、土地や建物の面積や、宗派、本山、創業年代、などを記入させる。

一六六五年には、寺社奉行を置いた。翌年、以下の寺社の取り壊しを命じた。

・祈禱《きとう》も葬儀も行なわない
・禅宗、浄土宗、日蓮宗なのに祈禱を行なっている
・祈禱ばかりで葬儀をしない
・葬儀を行なわず、宗門人別帳の手続きだけしている
・檀家がゼロである

など。こうして、藩内の寺社の半分ほどが取り壊された。

光圀は葬儀を、仏式でなく儒教式で行なうように勧めた。

＊

光圀は若いころ、儒学一辺倒で排仏主義だった。このころは、由緒ある仏教寺院には保護を与えようと、少し丸くなった。

寺社整理が進んだこともあって、水戸藩は、儒学原理主義的な傾向が強くなった。幕末の尊皇思想や水戸学の下地になった。

朱舜水を師とする

徳川光圀にいちばん大きな影響を与えた人物は、朱舜水《しゅしゅんすい》（一六〇〇―一六八二）だろう。

明が倒れると、明朝の遺臣らや鄭成功《ていせいこう》による明朝再興の運動が起こった。朱舜水は明の帝室の血を受け継ぐ。そこでその運動に飛び込み、救援要請と資金集めのために何度も来日した。最後はついに運動をあきらめ、日本に亡命する。

光圀は朱舜水の評判を聞いて、長崎に使いを送って江戸に招いた。対面して感激した。以後二〇年、朱舜水を生涯の師と仰いでいる。

*

当時、中国からは明朝の関係者が何人も日本にやってきた。各藩は、そうした中国人の学者を召し抱えようとした。朱舜水もそうした一人だ。

光圀は、中国の学者なら誰でもよかったのではない。本物の儒学に触れたかった。日本人が自己流で学んだり教えたりしている儒学は信用ならない。中国の学者で、レヴェルが高い本物の知識人はいないものか。

実際に会ってみて、光圀は、自分が探していたのはこのひとだと直観した。

まず、人物が素晴らしい。朱舜水は信念のひとだ。明は儒学の原則にもとづいた正しい王朝である。それが北方の夷狄《いてき》（清）に侵略され、中央政府が倒された。これを黙って見ていてよいだろうか。そこで、明朝を再興するための運動を、草の根で組織しようとする。危険をかえりみず行動し、戦場もかい潜っている。でも天は味方しなかった。明の再興はあきらめざるをえなかった。でもその志は、いまも内にふつふつと燃えている。利害打算や政治のかけひきを離れ、儒学の理想を体現している。

第二に、日本に興味をもち、日本の歴史に興味をもち、儒学を日本の現実にあてはめようとしている。とりわけ、朱舜水が命をかけて追究してきた正統論を、日本史にあてはめ、目を見張るような解釈を導き出した。光圀は大きな刺戟を受けた。

尊皇思想の原点

朱舜水とめぐりあって、光圀は勇気百倍、日本史の編纂にいっそう力を入れた。家臣を日本各地に派遣して史料を集め、一六八〇年には神武天皇から後醍醐天皇までの本紀の清書ができた。

一六八三年には、「新撰紀伝《しんせんきでん》」一〇四巻がいちおうできあがった。完成版の準備のための、テスト版（サンプル）である。構成は中国の史書にならった、紀伝体である。代々の君主（天皇）について記した「紀」と、そのほかの人びとの記録である「伝」からなる。

＊

朱舜水も指摘するように、日本の歴史は、天皇の治世が途切れなく続いている点が中国と違う。中国は王朝が、つぎの王朝に倒されるので、ぶつ切りである。易姓革命《えきせい》だ。日本にはこういうことがない。君主（天皇）が人びとに尊ばれているのは、中国以上かもしれない。これはすばらしい。

ところが、天皇はやがて政治の実権を失い、代わりに武士が政権を握った。鎌倉幕府だ。なぜそんなことが起こったか。それは、天皇が徳を失ったからである。儒学の論理だと、こう考えるしかない。

後醍醐天皇は鎌倉幕府から政権を取り返そうとした。建武中興《けんむのちゅうこう》だ。ところがうまく行かず、足利尊氏が室町幕府を開いた。皇統は、二つに分裂した。南北朝である。楠木正成は後醍醐天皇のために戦って、戦死した。これこそ忠臣だ、と朱舜水は言う。朱子学の正統論によって、日本史がきれいに整理できる。

南朝正統論

光圀はだんだん、南朝こそ正統だという考えを固めていった。

北畠親房《きたばたけちかふさ》の『神皇正統記《じんのうしょうとうき》』という書物がある。北畠は後醍醐天皇の部下。儒学（朱子学）の正統論に即して、歴代の皇位の継承を検証した。尊皇思想をはっきり打ち出した最初の書物だ。光圀の『大日本史《だいにほんし》』は、これを詳細にリメイクしようとした。

＊

そうして決まった編集のポイントは、以下のようだ。
・神功皇后は天皇ではないので、本紀《ほんぎ》ではなく后妃伝《こうひでん》に収める。
・大友皇子は即位したと認めて、本紀に収める。
・南朝を正統とする（北朝の天皇は、本紀でなく列伝に収める）。

編集がなかなか終わらない

史局は、彰考館《しょうこうかん》の看板を掲げた。総裁が任命された。
史料の探索も続けられた。全国を調査して回るので、手間と経費がかかった。
史料が集まると、それに合わせて本文を書き換えなければならない。書いたり消したりで、なかなか仕事が先へ進まない。彰考館のスタッフもだんだん増えて、五〇人ほどになった。当然、人件費もかさむ。

安積澹泊《あさかたんぱく》という若手の優秀な学者も加わった。朱舜水の門弟でもある。総裁をつとめた。おかげで、編集は少しはかどった。

栗山潜鋒《くりやませんぽう》も彰考館に加わった。山崎闇斎《やまざきあんさい》学派の、若手の俊才である。栗山潜鋒も総裁をつとめた。新しい観点をつけ加えた。

＊

彰考館の編集方針はつぎのようである（「修史義例」）。

まず、三つの注意点（三難）。

・古代の歴史書（六国史《りっこくし》）は、鵜呑みにせず、文献批判を行なう。

・それ以降の歴史書はますます信用ならないので、日記や小説も利用して、慎重に史実を確認する。

・古代や中世の事情を、現在の常識で勝手に推測せず、有職故実《ゆうそくこじつ》（当時のやり方）をよく調べて判断する。

加えて、二つの原則（二要）に従うべきである。
・無理に要約せず、史実を詳しく正確に記述する。
・文章を飾らず、端的に事実をのべる。
要するに、科学的で実証的な態度で、歴史を記述しなさい、である。

これまでこんな歴史書が、日本で書かれたことがなかった。画期的だ。時間がかかっても当然である。

＊

編集にとにかく時間がかかる。夏休みの宿題が九月になっても十月になってもまだ終わらないみたいだ。光圀は焦ってきた。もうかなりの年齢なのだ。

契沖に仕事を頼む

日本史の編集に加えて、もうひとつ注目すべきなのは、万葉集の注解を、光圀が契《けい》沖《ちゅう》に依頼したことだ。

＊

古代の文学に、光圀はずっと関心を持っていた。万葉集は正しく読まれていないと思っていたのだろう。下河辺長流《しもこうべちょうりゅう》に、万葉集の注釈をまとめてくれ、と依頼した。下河辺は大坂の近郊に住んでいる市井の学者。貧乏で不遇な、でも知るひとぞ知る学識の持ち主だ。そんな人物にためらいなく仕事を依頼する光圀も、なかなかの見識である。

依頼を受けてさっそく仕事にかかったが、下河辺は病気がちで、完成は無理だ。そこで友人の契沖に、バトンタッチすることになった。

契沖は、仕事をひき継いで、みごとに完成させた。それが『万葉代匠記《まんようだいしょうき》』である。「代匠」とは、友人の下河辺長流の代役で書きました、という意味である。光圀の代わりに書きました、という意味でもある。

＊

『万葉代匠記』は傑作で、日本の文学研究の金字塔である。できあがった書物を受け取った光圀は満足して、金品を贈って契沖の労をねぎらった。

契沖の仕事はこうして世に知られ、多くの学者、とくに本居宣長《もとおりのりなが》の仕事に決定的な影響を与えることになった。国学の原点である。

契沖は、重要人物なので、章を改めてのべることにする。

老境の光圀

光圀は、年を重ねてもなお、この国の遠い行く末を見つめていた。世の中が落ち着き、戦国が遠い昔になり、人びとは眼前の日常にかまけている。そうであるほど、光圀の国を憂う思いは深まる。

＊

ひとつは、辺境・蝦夷地《えぞち》への関心である。日本の統治が及ばないこのエリアを、外国が侵略しないか。わが国の平和と安全を脅かさないか。

幕府は出足が遅い。タイミングが遅れると取り返しがつかない。ならば水戸藩が単独でも、蝦夷地の探索に乗り出そうではないか。

一七世紀にはイングランドが、北米に植民地を築いた。フランスやスペインも、進出していた。のちにアメリカ合衆国となる地域である。北方には、ロシアの手が伸びている。光圀は当時の誰よりも、国際的な広い視野を持っていた。

そこで光圀は、快風丸《かいふうまる》という大船を建造した。磁石もそなえてある。長崎から西洋の航海用の海図も取り寄せた。大変な費用がかかった。三度目の航海（一六八八年）では、石狩に達して、大量の塩鮭、熊皮などを積んで戻ってきた。

だが、これを最後に、航海はやめになってしまった。光圀のプランは藩内で支持されず、財政も余裕がなかったのだ。

秘めた狂気

水戸藩の財政は大変苦しく、農民は困窮していた。光圀は倹約を命じ、自分も粗末な食事をとり、つぎの当たった服を着回していた。

藩主の光圀は思う。自分の治世は実を結んでいるのだろうか。なぜ政治は思う通りにならないのか。行き場のない憤懣《ふんまん》のようなものが、胸中に沸き上がる。

＊

光圀は一六九〇年、将軍綱吉から許可を受け、隠居した。藩主の座は、息子の綱條《つなえだ》に譲った。病気がちだからと、かねて隠居を願い出ていたのである。綱吉は、生類憐れみの令で有名な五代将軍だ。光圀と綱吉は考えが合わず、ギクシャクしていたともいう。

光圀は、新宿村《あらじゆく》（現常陸太田市）の山すそに西山荘《せいざんそう》という隠居所を建て、そこに落ち着いた。

＊

光圀は一六九四年、将軍綱吉の招きで、隠居後はじめて江戸に上った。城中で綱吉は『論語』の講義をし、光圀は求めに応じて『大学』の講義をした。

小石川の藩邸で、能の催しをした。老中、諸大名、旗本を招いた。光圀も能装束で舞った。そのあと楽屋で、家臣の藤井徳昭《ふじいのりあき》を自ら手討ちにする事件が起こった。

藤井徳昭はもと光圀の小姓で、そこから出世して藩の重臣となった。元は社長秘書で、副社長になったのだ。ところが「不届きの義」があって、光圀が意見しても聞かない。そこで楽屋に呼び出し、声が出ないように膝で押さえつけ、背中を刀で刺して殺害した。観客は気づかなかった。

光圀はその日のうちに幕府に報告書を書いた。その場で思いついたのでなく、周到に準備した事件らしい。光圀は罪に問われることなく、水戸に帰った。六七歳の光圀の心中は誰にもわからない。

光圀の遺産

光圀は病をえて元禄一三（一七〇〇）年、隠居所の西山荘で息をひきとった。葬儀は儒学式で行なわれた。

息子の藩主・綱條は、編集中の日本史の書名を『大日本史』と決めた。その後も編集は細々と続いたが、安積澹泊が死去すると、作業はストップした。その後、立原翠軒《たちはらすい》《けん》が作業を再開した。紆余曲折あって、結局、論賛《ろんさん》（人物についてのコメント）はすべて削除することになった。

＊

徳川光圀は、後世にどんな遺産を残したか。

光圀は、オーケストラで言えばコンダクター（指揮者）。江戸思想の方向を決定づけた。

まず、『大日本史』の編纂。

家康は儒学を日本に採り入れ、政治の根本に据えようとした。それならば儒学は、日本の歴史を貫く原則でなければならない。江戸幕府より前の時代の政治も、儒学の観点から考えよう。それが『大日本史』である。

では、『大日本史』の編集はなぜ、順調に進まなかったのか。史料を集め、読み込み、史実を検証するのに時間がかかった。それもある。でも、もっと根本的な理由が

◆大日本史

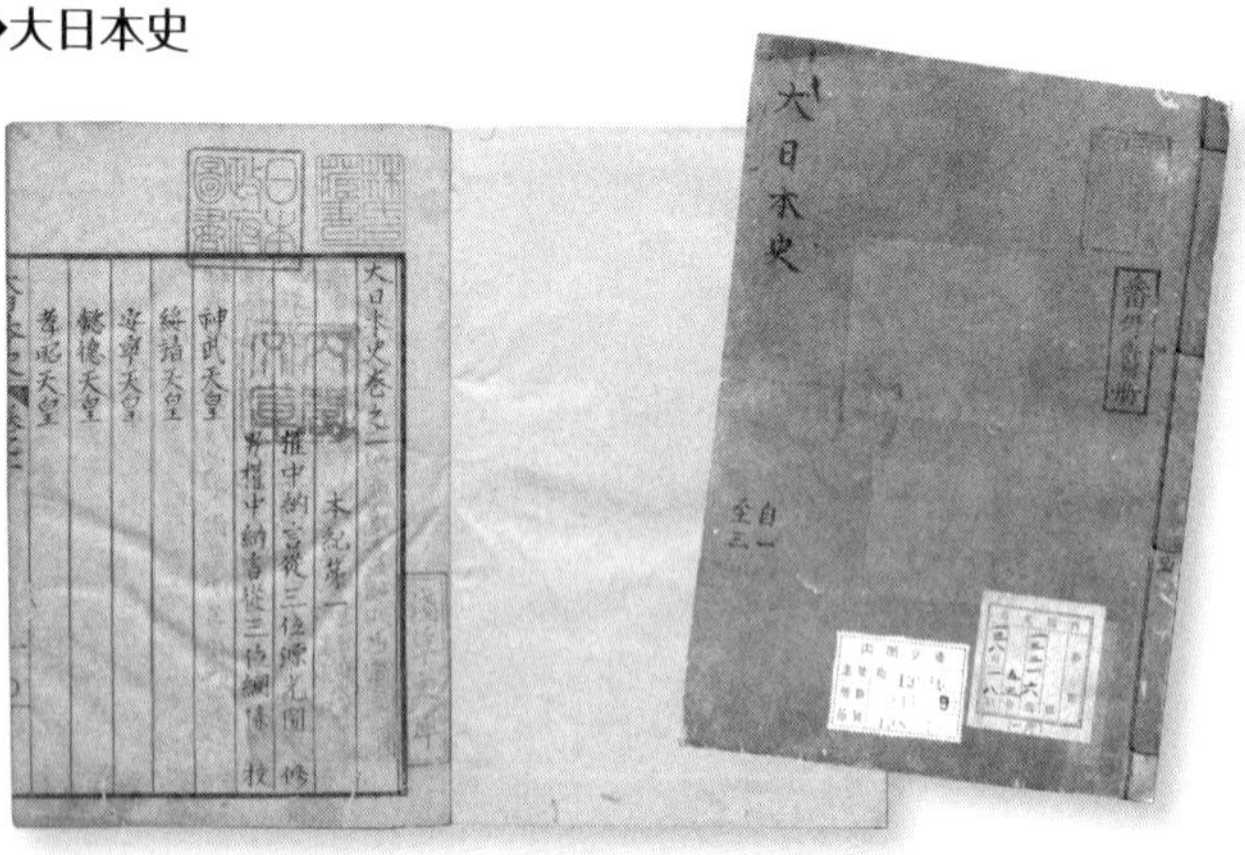

『大日本史』巻一。林家（林大学頭家）で所蔵していた写本。国立公文書館蔵。

ある。

日本の歴史を、すっぽり儒学の枠で捉えるのは無理なのだ。

ある程度ならできる。『神皇正統記』という先行業績もある。しかし、天皇の政府（朝廷）と武士の政権（幕府）との関係を、儒学の論理で描くのは至難のわざだ。それに、もともと日本の天皇は、儒学のアイデアから生まれたものではない。

儒学の枠組みに収まらないものを、無理やり、収めようとする。ゾウを蛇が呑み込むようなもので、時間をかけても無理である。

＊

それがわかっているから、光圀は、文学

についても目配りをした。契沖に『万葉代匠記』の執筆を依頼した。日本の古代文学は、やまと言葉で書かれていて、儒学と関係ない。儒学がカヴァーできない領域こそ、日本の知的伝統にとって本質的であるという直観があった。『大日本史』の構想とは相いれない要素も、日本のアイデンティティにとって不可欠だと思った。

契沖の『万葉代匠記』は、画期的な書物だった。荷田《かだの》春満《あずままろ》や賀茂《かもの》真淵《まぶち》や、本居宣長に深いインスピレーションを与えた。契沖の仕事を土台に、「国学」が誕生した。国学は、儒学に回収し切れない日本人のアイデンティティを、人びとに与えた。

*

儒学は、中国でも日本でも成立する普遍主義（ユニヴァーサリズム）。国学は日本でだけ成立する特殊主義（日本人のルーツ）。このふたつが、日本人のアイデンティティを主張するのに必要だった。

そしてこのふたつが、水戸藩の伝統だ。このふたつが化学反応を起こして、「水戸学」になった。水戸学は、尊皇主義で排外主義（攘夷）のイデオロギーとして荒れ狂った。大老・井伊直弼を暗殺するかと思えば、水戸藩の内部でイデオロギー対立をうみ、殺し合って自滅した。

明治維新の主役になったのは、水戸学の流れを汲みながらも、イデオロギーよりも政治を優先した、長州や薩摩のグループだった。

*

こういう、日本の近代化のダイナミズムの基礎となったのは、徳川光圀の構想力だった。徳川光圀から明治維新が始まった。そう言ってもよいのだと思う。

2

藤原惺窩《ふじわらせいか》

親きょうだいを殺された無念を
学問で晴らした高潔な知識人

徳川家康は、武士たちに、朱子学を奨励した。

では、それまで朱子学を担っていたのは誰か。僧侶である。

それはなぜなのか。その代表的人物、藤原惺窩《ふじわらせいか》を取り上げて考えてみよう。

三男に生まれて

藤原惺窩（一五六一―一六一九）は、いい家の生まれだ。

生まれたのは、播磨国三木郡細川村（いまの兵庫県三木市）。父は為純《ためずみ》、下冷泉家《しもれいぜいけ》の当主だ。細川荘を代々領有していた。藤原定家《ふじわらのさだいえ》の子孫にあたる家柄である。

名前は粛《しゅく》。兄が二人いて、為勝、教勝。弟が二人いて、俊久、為将。

七歳で、禅宗の寺にやられることになった。近くの景雲寺だ。

僧侶が儒学を学ぶ

というわけで、惺窩は僧侶となるのだが、僧侶がなぜ儒学を学ぶのか。

中国では、儒学は儒者が学ぶ。中国では、どんな田舎にも書院がある。儒学の学校（民間の教育機関）である。科挙を受験でもしようかという若者は、ここで儒学の手ほどきをうける。

朱子学には実は、仏教の要素がかなり混じっている。だから、仏教の僧侶でも深く読める。鎌倉時代の末期に、元から渡来した僧やその弟子にも、儒学に明るい人びとが多かった。

儒学のテキストは漢文で書いてある。日本人には外国語である。本気で学ばないと読みこなせない。武家政権の時代、貴族は落ち目になった。武士は学問が得意でない。そこで僧侶の出番が生まれた。仏典は漢字で書いてある。漢字の読み書きはお手のもの。武士に代わって文書を作成する。祐筆《ゆうひつ》という。大名はこうした役目の僧侶を抱えていた。相手方との交渉にあたることもあった。僧侶は政治的に中立なのでちょうどよい。僧侶にはいろいろなアルバイトの機会があったのだ。

だから、儒学を学んでいるのは、仏教の僧侶。こういう変則的な状態が室町時代、そして戦国時代だった。

儒者の道を志す

惺窩が景雲寺で教えを受けた文鳳は、朱子学にも通じていた。

僧侶として学問を始めると、惺窩は学者肌で聡明である。仏典や儒学の古典の理解がずば抜けている。抜群の能力を発揮した。次第に気鋭の学者として頭角を現していく。

＊

惺窩が一八歳のとき、三木城主の別所長治《べつしょながはる》が、惺窩の実家に殴り込みをかけた。防戦した父の為純も長兄の為勝も戦死した。蔵書も燃えてしまった。

惺窩は、仇を討ちたいと、折しも出陣中の羽柴秀吉に訴えた。機会を待て、となだめられた。惺窩は仕方なく、母や兄弟と共に、京都の相国寺普広院の住職だった叔父を頼って上京し、相国寺で学問を続けた。

やがて藤原惺窩は、林羅山とともに、儒学のグループ「京学派」のリーダーとみなされるようになる。

＊

それまで禅僧たちは、仏教が主で儒学が従、あるいは、仏教も儒学も同様に重要、という立場をとっていた。それに対して、儒学の地位が高まると、儒学は仏教から距離をおくべきで、むしろ神道と接近すべきだと考える人びとが現れた。「神仏分離」

「神儒一致」である。惺窩は、こうした動きの先頭に立っていた。

こうしたこともあって、藤原惺窩は、僧侶でなく儒者として、学問を続ける意志を固めていく。

広がる交流

藤原惺窩は、家柄がよい。セレブだ。しかも優秀な知識人だから、自然に重要人物のネットワークができあがる。

播磨の竜野の城主、赤松広通《あかまつひろみち》と知り合い、友人となった。

赤松広通はのち、関が原で豊臣方で戦った。戦さの後、徳川家康に自決を命じられた。この事件は、惺窩の心に大きな傷を残した。

＊

朝鮮からの使節が京都に到着すると、惺窩は宿舎を訪れ、筆談で交流し、詩文をやりとりした。使節は儒者で、朱子学を学んでいる。惺窩も、自分が朱子学者であるとの自覚を強くしたろう。

豊臣秀次《ひでつぐ》（秀吉の甥）が、五山の僧を集めて詩の会を催した。惺窩も招かれて一度だけ参加した（一五九一年）。以後、秀次の招きには応じなかった。

秀吉が朝鮮に出兵した。惺窩は、豊臣秀俊（秀吉の養子）に従って、名護屋《なごや》（いまの佐賀県）に赴いた（一五九三年）。名護屋で、徳川家康に面会している。

同年暮れ、家康の招きで江戸に出向き、『貞観政要《じょうがんせいよう》』を講義した。

惺窩は、名護屋で、明の使節とも筆談で親しく交流している。

明に渡航を試みる

惺窩は、折しも亡くなった母の三年の喪に服しつつ、明に渡航する決意を固めていた。朱子学を究めるため、ぜひともよい師に会おう。朱子学の書籍も入手したい。明への渡航は、当時としては、大冒険である。

準備を整え、惺窩は、薩摩から船に乗った。ところが暴風にあい、鬼界島（いまの鹿児島県喜界町）に漂着してしまう。奄美大島に近い離島である。当時の日記が残っていて、その模様を知ることができる。

明に渡航するのはあきらめ、惺窩は京に戻って、さらに学問に励んだ。

捕虜・姜沆との交友

朝鮮で捕虜となった姜沆《きょうこう》なる者が、伏見の藤堂高虎のところにいた。朝鮮政府の高官だった人物だ。のちに朝鮮に帰国し、多くの著書をあらわした学者である。

朝鮮の朱子学は、大学者・李退渓《りたいけい》を頂点とする。姜沆はその学統に連なる。

惺窩は、赤松広通に勧めて、姜沆に、四書五経ほか朱子学関係書の書写を依頼させた。惺窩と姜沆はこれをきっかけに友情を深めた。

惺窩は、これら儒学の書物に、訓点を付けた。

惺窩と朝鮮の学者らと交わした筆談の、原本が冷泉家に残っている。

儒者の服装

惺窩は、姜沆からの情報も参考に、郷校《ごうこう》をつくり、孔子の祭りの儀式も定めた。仏教と切り離した、儒学専門の学校と儀式である。朝鮮ではこれが当たり前だが、日本にはまだなかった。

儒者となると決めたからには、服装も儒者らしくしなければならない。僧侶の服装のままではまずい。そこで、「深衣道服《しんいどうふく》」をつくらせて、着た。儒者の制服である。

僧侶は出家者だが、儒者は俗人。社会的地位が異なるから、服も別にするのだ。

惺窩は、家康に会ったときにも（一六〇〇年）、この服を着てアピールした。林羅山もおそろいでこの服を着た。

＊

僧侶の身分でなくなると、祐筆のアルバイトができなくなる。収入が途絶えてしまう。でも惺窩は、くじけなかった。

誰にも仕えず、学問の道を歩む惺窩のもとに、やがて多くの門弟が集まった。彼に道を聞く大名も、ぽつぽつ現れ始めた。支援者も現れた。藤原惺窩は、日本で最初のプロの儒者なのである。

林羅山の入門

惺窩四四歳のとき、林羅山が彼の門弟となった。羅山二二歳である。

林羅山は、京都の建仁寺の僧侶だった。羅山は朱子学をよく勉強し、惺窩の門弟の吉田素庵《よしだそあん》（角倉了以《すみのくらりょうい》の子）に質問の手紙を書いた。できれば、惺窩に取り次いでください、である。惺窩はこれに長文の返事を書き、両者の交流が始まった。

やがて惺窩と羅山は面会する。惺窩は、羅山の才能が傑出していることがわかったので、羅山の号を与え、特別の待遇をした。羅山がのちに、家康の侍講《じこう》になると、書物の借覧などを通じて、ますます親密なつきあいをするようになった。

＊

藤原惺窩は学究タイプである。いっぽう林羅山は、実務にも長けた万能タイプである。羅山は家康に重宝された。タイプの違う二人だったが、互いを認め合い、信頼によって結ばれていた。

弟子たち

惺窩の弟子は多い。主な弟子たちをあげてみよう。

松永尺五《まつながせきご》は、羅山より遅れて入門した。京都に塾を開いた。門弟には、木下順庵《きのしたじゅんあん》、貝原益軒《かいばらえきけん》らがいる。順庵の門弟には、新井白石、三宅観瀾《みやけかんらん》らがいる。堀杏庵《ほりきょうあん》、那波活所《なわかつしょ》、菅得庵《かんとくあん》らもいる。

石田三成、小早川秀秋（小早川家への養子縁組により豊臣秀俊から改名）らの大名も、門弟にかぞえられる。

＊

惺窩は、仕官の誘いを断り、京都郊外の市原の山荘に住んだ。原則主義的で、筋を曲げないところがあった。たとえば、家康が略服で『大学』の講義を聴こうとしたので、講義をしなかったことがある。

家康のもとに、自分が行かず代わりに門弟の林羅山を送ったのも、家康が、親友の赤松広通に自決を命じたことを許せなかったからかもしれない。

惺窩は五九歳で亡くなり、相国寺に葬られた。病気がちだったようである。

＊

藤原惺窩は、日本の朱子学を、純粋な学問として確立した先駆者である。本物の学者だ。著書は少ないが、その学識と人物は皆が認めている。彼によって日本に、学問としての朱子学の伝統が始まった。

3

林羅山《はやしらざん》

寺を飛び出した町人の息子が
家康に抜擢され朱子学のスターに

朱子学を官学の地位に高め、江戸幕府の土台を築いたのが、林羅山《はやしらざん》（一五八三―一六五七）。このひと抜きに、江戸思想は語れない。

羅山の生涯には、江戸時代の秘密がぎっしり詰まっている。さあ、その秘密を探ってみよう。

米屋に生まれる

林羅山が生まれたのは、天正一一（一五八三）年。父は京都の四条の米屋だった。幼名は菊松麻呂。長男だったが、父の兄・吉勝に子がいなかったので、生まれてすぐ吉勝の養子になった。林一族は、郷里の村で地主だったらしいが、没落して京都にいた。そのため、身内の結束が固い。

セレブの家柄の藤原惺窩《ふじわらせいか》と違って、羅山はふつうのひとである。

羅山は子どものころから、とても頭がよかった。一三歳で元服し、建仁寺に入った。学問で身を立てることを期待されたのだ。

僧侶になるのは嫌

建仁寺は京都五山のひとつで、臨済宗の禅寺である。

羅山は、読書が大好きで、もの覚えもよい。建仁寺は言う。出家して禅僧になるのだよ。ところが、羅山がウンと言わない。寺は、親に説得してもらおうとしたが、本人が寺を出て家に戻ってしまった。寺には三年もいなかった。

羅山は、なぜ僧侶になるのが嫌だったか。

羅山の母親が、反対だったともいう。出家すると、子どもができない。それは親不孝ですよ、と。当時、仏教はだんだん時代後れになり、儒学が最先端の学問として注目されていた。羅山は儒者がいいと思った。僧侶になっても、儒学を学ぶことはいちおうできる。でも羅山は、時代の動きに敏感だった。

朱子学を究める

一五歳で寺を離れたあとは、独学するしかない。模索を重ね、朱子学に手応えを感じる。藤原惺窩の針路をなぞるように、林羅山もさあ朱子学を学ぶぞと思った。

とは言え、何のあてもない。結局、無所属のフリーターで五年あまりが過ぎた。

＊

二一歳になった羅山は、『論語集注《ろんごしっちゅう》』の公開講義をやってみた。『論語集注』は、朱子の書いた『論語』の注である。何人かでグループをつくり、それぞれのテーマを講義したのだ。

これは、画期的なイベントだった。

儒学の知識はそれまで、寺院などで、師匠から弟子に伝えられるものだった。秘伝である。それを一般の人びとに、公開してしまう。これまで儒学を独り占めにしてきた師匠たちに、ケンカを売っている。

案の定、明経博士《みょうぎょうはかせ》の清原秀賢《きよはらのひでかた》が、このことを家康に訴え出た。四書五経は朝廷の許可なしに、講義できないことになっていたからだ。羅山はどこ吹く風。そして訴えは取り上げられなかった。

藤原惺窩と会う

公開講座は、無名の羅山が、世間に名前を覚えてもらうためでもあったろう。

おかげか、羅山は翌年、藤原惺窩と面会できた。

会えたのは、吉田玄之《よしだはるゆき》の紹介だ。吉田玄之こと角倉素庵は、豪商の角倉了以の子。惺窩の弟子だった。羅山はせっせと吉田玄之に、朱子学をめぐるテーマで手紙を書いた。手紙が惺窩の目に触れるだろうと思って。

*

藤原惺窩は当時、誰もが認める儒学の第一人者だった。

朱子と同時代に、陸象山《りくしょうざん》という学者がいた。陸象山は朱子を批判し、人間の主体性を重視した。この考えは、王陽明に受け継がれている。

惺窩は、陸象山にも学ぶべきところがあるとのべていた。羅山は、朱子学の立場から、陸象山に反対の意見をのべた。何とか認めてもらいたいという背伸びだ。羅山がなかなかの読書家で学力が高いことはアピールできた。

家康に拝謁する

惺窩に会ってから、羅山はますます運が向いてきた。

二三歳のとき、徳川家康に拝謁できたのだ。

家康の家来に惺窩の門弟がいて、二条城で面会できるようにしてくれた。惺窩が羅山を推薦した。面接試験も兼ねていたようだ。

いくつか質問が出た。後漢の光武帝は、漢の高祖から数えて何代目？　屈原《くつげん》が愛した蘭の種類は何？　この席には、臨済宗の僧や清原秀賢も控えていた。

おおかた彼らが出題したのだろう。わかるかね、イッヒッヒ。仲間に入れてやるもんか、という悪意が透けてみえる。家康はそれも承知だ。羅山は、「九世の孫」「沢蘭」です、と正解できた。

*

試験にパスした翌年、羅山は伏見城でときどき家康に拝謁した。家康所蔵の書物をみることも許された。幕府に仕えることが内定した。

そのまた翌年、駿府に出向いて、家康と、秀忠にも拝謁。兵書などを講義した。

僧になれ

一六〇七年、羅山二五歳のとき。家康の命令で頭を丸め、名も道春と改めた。服装も当然、僧侶の服になった。

あれだけ出家が嫌で、寺も抜け出したのに、家康の命令で僧侶にされてしまった。

幕府には僧侶のポストはあるが、儒者のポストはありません、が理由だ。たしかに大名はみな、僧侶を祐筆に置いている。

羅山が僧になりたくないのを、家康は知っていたと思う。それを僧侶のポストに無理やり押し込んだ。儒者という存在を、いまいち信頼していなかったのだ。そして羅山が、家康の無理難題を聞く人間かどうか、試したとも言える。頭を丸めれば使ってやろう。反抗する心配はなさそうだ。

*

家康はほんとうは、藤原惺窩を招きたかったのだろう。惺窩は、遠回しに断った。病気がちでもある。それに学究肌で、幕府の現実政治に関わりたくない。そこで代わりに、羅山を推薦したのだ。

羅山は結局、生涯、幕府のために働くことになる。

豊臣を滅ぼす口実

家康は、関が原で勝って天下を手に入れた。でも豊臣方は、まだ大坂城にがんばっていた。これを滅ぼさないと、平和は訪れない。うまい口実はないものか。

家康はかつて、豊臣秀吉の家来だった。その主君筋を討ってよいのか、も悩ましい問題だ。

＊

そこで起きたのが、方広寺の釣り鐘の事件だ。方広寺は、秀吉が建てた寺。その鐘に「国家安康、君臣豊楽」と書いてあった。家康の文字を引き裂くとは不吉だ。ほとんど言いがかりである。意見を聞かれた羅山も、不吉ですと言った。

主君を討ってもよいものか。羅山は言う。君主が暴君ならもう君主ではないから、臣下は君主を打倒してよいのです。殷《いん》の湯王《とうおう》が夏《か》の桀王《けつおう》を、周の武王が殷の紂王《ちゅうおう》を討った前例があります。湯武放伐《とうぶほうばつ》といいます。放伐とはクーデターのこと。儒学でも、もちろん朱子学でも、湯武放伐は正しいと考える。

家康は覚悟を決めて、大坂の陣に臨んだ。豊臣家は滅んだ。

＊

羅山は、家康におもねって、都合のよい理屈をこねたのか。釣り鐘の銘文のほうはともかく、湯武放伐の議論は、儒学の大原則である。正論をのべただけだ。

家康が死ぬ

羅山は側近として、家康に仕えた。『論語』を講じ、鷹狩りにも同伴した。家康の命で古書籍から、武家や公家のルールになりそうな箇所を抜き出した。「禁中並公家諸法度《きんちゅうならびにくげしょはっと》」「武家諸法度《ぶけしょはっと》」をつくる準備である。

一六一六年、家康は病気で亡くなった。七五歳。羅山三四歳のときである。

＊

つぎの将軍は、子の秀忠。羅山の弟の永喜《えいき》が側近に取り立てられた。羅山は少し時間ができた。

そのあと家光が三代将軍になると、羅山はまた側近として重用された。家光のつぎの将軍家綱まで、四代の将軍に仕えている。

儒学の枠組みをつくった

林羅山の功績はなんと言っても、日本の儒学の枠組みをつくったことだ。

室町から戦国まで、儒学はまだまだポピュラーでなかった。五山の禅僧を中心に、ひと握りの僧侶が読んでいるだけだった。儒学は思想書である。大学の仏文科の教員が、フランス哲学を講ずるようなものだ。フランス文学も哲学も、フランス語で書いてある。でもなかみは別ものだろうに。

羅山は儒学を、多くの人びとの手の届くものにした。

＊

まず、訓点を付けた。

儒学のテクストは中国語（漢文）で書いてある。慣れないと読めない。漢文に返り点送り仮名を付けると、日本語に読みくだすことができる。中国語を日本語として読んでしまうのである。

温故知新→故《ふる》きを温《たず》ねて、新しきを知る

という具合だ。

羅山は、儒学のテクストに片っ端から、訓点を付けていった。そして出版する。これを教科書にして、音読してまる暗記する。日本式儒学のできあがりだ。

ちなみに中国に、訓点などない。漢字の列をそのままの順序で読んでいく。

＊

そのほか、さまざまな書物を書いて出版した。古典の注解。古典からのダイジェスト。辞典のようなもの。参考書のようなもの。儒学のカリキュラムを考え、教科書や参考書を整えていったわけだ。紀行文も書いている。歴史の本も書いている。老子の本にも訓点を付けている。兵法書の解説もしている。『徒然草』の解説だって書いている。羅山は啓蒙家《けいもうか》なのだ。

孔子廟の完成

家光が将軍になると、羅山は御伽衆《おとぎしゅう》となった。御伽衆は、何十人かいてグループに分かれ、交代で将軍の話し相手になる。鷹狩りにもついて行く。

羅山は四七歳のとき、民部卿法印《みんぶきょうほういん》に任ぜられた。法印は、法眼《ほうげん》や法橋《ほっきょう》より上の、僧侶の最高位である。昇進したのはよかったが、やはり仏教のポストなのだった。

五三歳のときには、「武家諸法度《ぶけしょはっと》」が完成した。文章にまとめたのは羅山である。江戸城に大名が集まって居並ぶなか、羅山がそれを読み上げた。

*

五〇歳のとき、上野に先聖殿（孔子廟）が完成した。幕府から土地と建設費を与えられたのだ。翌年には先聖殿で「釈菜《せきさい》」を執り行ない、家光も参列した。釈菜とは、正式な儀式である釈奠《せきてん》を簡略化したかたちである。

なお、上野の先聖殿はその後、火事で焼けてしまった。そこで一六九〇年に、湯島に移転した。林家が大学頭《だいがくのかみ》となって、昌平黌《しょうへいこう》が開かれた。儒者は、僧形をやめ、蓄髪することになった。幕府のお墨付きをえて、林家が儒学の家元になったようなものだ。

仕事は山ほど

羅山の仕事ぶりを、時代順に、箇条書きにまとめてみる。

・『大蔵一覧《だいぞういちらん》』『群書治要《ぐんしょちよう》』をまとめて出版した。
・家康の蔵書「駿河文庫《するがぶんこ》」を整理して、御三家に分配した。
・宣教師不干斎《ふかんさい》ハビヤンとの論争を、『排耶蘇《はいやそ》』にまとめた。
・仏教との論争を『儒仏問答《じゅぶつもんどう》』にまとめた。
・『本草綱目《ほんぞうこうもく》』を入手し、その要約『多識編《たしきへん》』を出版した。
・『貞観政要《じょうがんせいよう》』からの抜粋、『孫呉摘語《そんごてきご》』を著した。
・朝鮮通信使が到着するたびに、筆談で交流した。
・家光の命で、兵法書の注釈『孫子諺解《そんしげんかい》』『三略諺解《さんりゃくげんかい》』を著した。

◆春鑑抄

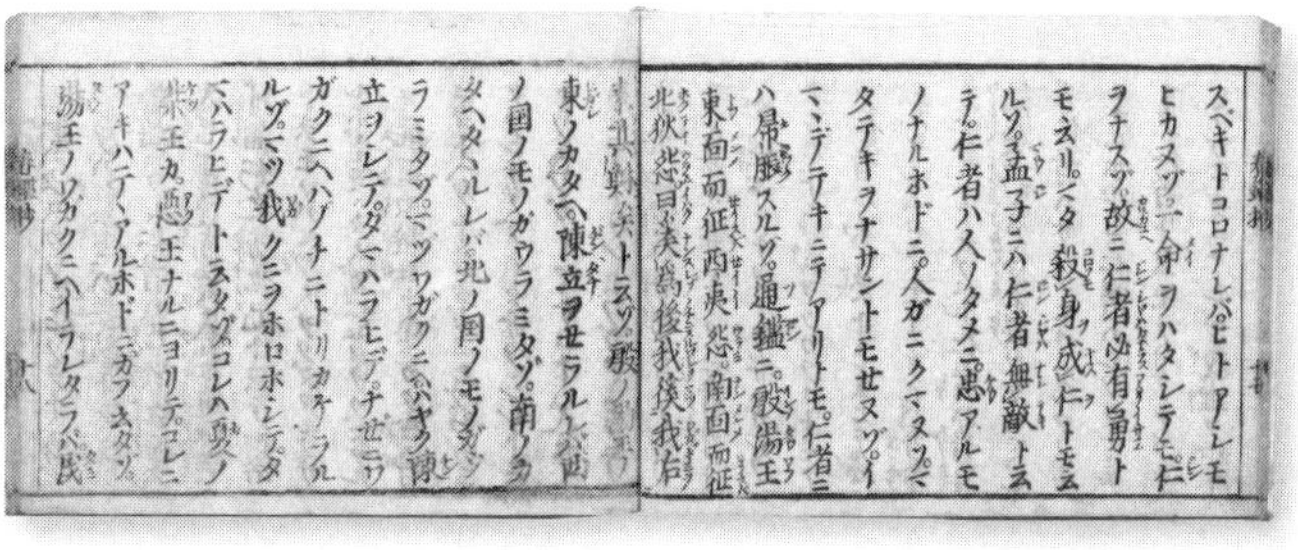

羅山の著書の一つ『春鑑抄』。上記は慶安元（1648）年刊行のもの。
国立公文書館蔵。

・儒学をわかりやすく解説する『春《しゅん》鑑抄《かんしょう》』を刊行した。
・大老酒井忠勝の求めで『神道伝授《しんとうでんじゅ》』を著した。
・幕府の命で諸大名の系図を整理し、『寛永諸家系図伝《かんえいしょかけいずでん》』にまとめた。
・日本の通史『本朝編年録《ほんちょうへんねんろく》』をまとめた。
・中国の怪談をまとめた『狐媚鈔《こびしょう》』を出版した。
・全国の神社の由来を示す『本朝神社考《ほんちょうじんじゃこう》』を出版した。

＊

羅山の仕事は、体系的で、合理的で、啓蒙的である。人間の知性が、この世界の森羅万象を整合的に理解し尽くせるという、信念が感じられる。

こういう体系的で合理的な信念は、もともと仏教のものだった。ただ仏教は、出家主義で、世俗の政治や経済には関わらなかった。

羅山は、仏教を踏まえながらも、仏教と距離をおいた。儒学の立場をとった。そして、政治や経済を含む、この世界をまるごと説明し尽くそうとした。その態度は、江戸時代を通じて、すべての知識人の手本となった。

百科全書に匹敵する

羅山のこの仕事は、フランスの「百科全書派」に匹敵すると思う。

百科全書派は、啓蒙思想のひとつのかたちだ。啓蒙思想は、人間の「理性」を武器に、自然の秩序を残らず解明し、理解しようとする。そして社会の秩序も解明し、必要ならつくり変えようとする。啓蒙思想が合理的なのは、理性を信頼するから。理性はもと、神から与えられたものだ。人間を裏切ることがない。その理性ですべてを割り切るのである。

儒学の場合、理（合理性）が人間にそなわっているのは、理がこの宇宙の始源にそなわっているから。啓蒙思想と似ている部分がある。でも啓蒙思想と違って、自然や社会に、人間の理が対峙《たいじ》するのではない。羅山の朱子学が人びとに広まっていくとしても、啓蒙思想の場合と同じ効果をもつことはない。それでも、先行する時代の非合理を払いのける、革新者なのではあった。

体制派なのか

林羅山は、評判が悪い。

このあと続々と現れる江戸の知識人はみな、羅山を批判した。明治の知識人も、羅山は古くさいと思った。戦後知識人は、将軍に仕えた御用学者だからと、羅山を嫌った。方広寺の鐘銘の一件も、汚点となった。

でもそれは、一面的ではないか。

冷静に考えて、羅山はやはり、優秀な学者である。なかなかのものである。その頭脳を、公共のために使い切った。羅山は、この瞬間に何をするべきなのか、鋭敏なアンテナですぐわかった。だからメチャクチャに忙しかった。羅山がいたから、羅山を踏み台にできたから、後に続く人びとは自分なりに考えることができたのだ。

林羅山は、江戸思想のスタンダードをつくった。

＊

林羅山は、儒学が江戸幕府の政治と結びつくことの利点を見抜いていた。儒学は戦争をしない。平和をもたらす。武士が儒学を学ぶのは奇妙（パラドックス）だが、利点が多い。何とかそのやり方を定着させようとした。

このパラドックスは、儒学を志した羅山が、僧侶の身分でしか将軍に仕えることができなかった、というパラドックスと通じている。権力に迎合したとみえるのは、このパラドックスのためだ。羅山はそれを引き受けて、彼の人生を生きたのである。

＊

妻を亡くし、気落ちしていた晩年の羅山は、翌年の明暦の大火で、蔵書がすべて焼けてしまった。そのあとまもなく最期を迎える。七五歳だった。

4

中江藤樹《なかえとうじゅ》

学問が好きで脱藩し近江の農村で「生き方としての儒学」を極める

中江藤樹《なかえとうじゅ》は琵琶湖のほとりに住み、「近江聖人」と村人に慕われた。まだ儒学が世の中に行き渡る前に、自分の生き方を通して儒学を人びとに伝えた。儒学は頭で理解するものではない。生き方なのだ。

『大学』に感激する

中江藤樹は、慶長一三（一六〇八）年、近江の小川村（現滋賀県高島市安曇川町）の、ふつうの農家に生まれた。父・中江吉次と母・市の、長男である。

九歳のとき、米子（鳥取県）に移った。祖父の吉長が、米子藩の武士だったので、養子となったのだ。吉長は槍術の名手だったが、学問がなかった。そこで藤樹に学問を勧めた。翌年に藩主が伊予（愛媛県）の大洲《おおず》に国替えになって、藤樹も吉長と共に大洲に移った。

＊

一一歳のとき、大きな転機があった。

祖父が買い求めた『大学』のつぎの箇所を読んで、藤樹は心がふるえた。

自天子以至庶人　上は皇帝から、下は庶民に至るまで
壱是皆以脩身為本　誰しも、自身を修めることが根本である

ここは、小林秀雄『本居宣長』でも印象的に取り上げられている箇所だ。儒学の原則は、社会的地位の違いに関係なく、天子にも庶民にもあてはまる。儒学は人間たるものが、自身を修めること。武士だろうと、町人・農民だろうと、誰だって学問ができる。学問の前には、一切の身分の違いはない（中国にはそもそも武士もいないし、身分もないのだった）。誰でも学問ができるから、その点で平等だ。

このあいだまで農民で、自分の境遇に戸惑っていた藤樹少年は、目の前がパッと開けるような気持がしたろう。

＊

中江藤樹の儒学が人びとを惹きつけるのは、彼が本気だから。お勉強ではなく、生き方そのものだからだ。

「孔子殿」

やがて祖父が亡くなると、後を継いで、一〇〇石取りの武士となった。

＊

江戸時代の初期は、戦時から平時に移行する混乱期だ。武士は、戦闘集団から行政官僚に脱皮しなければならない。読み書きが必要だ。だから儒学が奨励された。

藤樹はそんな武士たちのなかでも、ちょっと浮いていた。学問への熱中が半端でない。暇さえあれば本ばかり読んでいる。同僚は藤樹のことを、なかばあきれ、なかば敬意をこめて、「孔子殿」と呼んだ。

『四書大全』を求め、順番に読み進めた。藤樹に教えを請うものも、同僚のなかに出てきた。そこで『大学』を講義した。二一歳のときには『大学啓蒙』を著した。

武士をやめる

藤樹は仕事ができたようで、郡奉行もつとめている。

しかし武家社会は、きれいごとではなかった。大洲藩主が急死し、幼い長男が家督を継いだ。すると奥方が、次男と折半にしろと言い出し、騒動になった。争いは九年続き、次男に新谷《にいや》藩一万石を分けることで落ち着いた。誰もそこに移りたがらない。藤樹は、移ることにした。

父の吉次はとうに亡くなって、郷里に母が残っていた。藤樹は帰郷して、母も大洲に来るように頼んだ。知らない土地に行くのは嫌だ、と母は拒否した。そこでひとりで戻る途中、藤樹は船上で、喘息の発作が出てしまう。以後藤樹は、喘息の持病に苦しむことになる。

＊

故郷の母親が心配だ。儒学では、忠（主君に対する服従）よりも、孝（親に対する服従）を優先する。儒学を修めて実践する藤樹は、なおのこと孝を第一に思う。

武士をやめて、故郷に戻ろう。そう決意を固めて、家老に辞職願いを書いた。引き止められたが、藤樹も譲らない。家老が藩主に取り次いでくれることになった。

ところが何の音沙汰もない。藤樹はしびれを切らして、家老にまた手紙を書いた。故郷の老母に孝行したい。喘息の持病もある。いくら待ってもやはり返事がない。そこで一六三四年、二七歳のとき、無断で藩を抜け出し、帰郷したのだった。

＊

藩主の許可なく藩を抜ければ、ただではすまない。追手を向けられて討たれるか、切腹を命じられるか。命懸けである。

藤樹は、大洲を脱出して京都に着いた。そこでしばらくとどまっている。藩の追手が来るのかどうか、様子をみたのだ。追手が来そうにないとわかってから、近江の実家に戻った。実家に迷惑をかけたくなかった。

もしも追手が来たら、どうするつもりだったのか。

藤樹はおとなしい性格で、武術は得意でない。追手は数人で、体育会系の腕利きばかりだろう。勝負にならない。手向かえば、相手も怪我をする。任務でやってきた元同僚だ。手向かうよりは、自決する覚悟を決めていたに違いない。死んでしまえば孝行はできない。が、やれることはやった。孝行しようと脱藩したのだから、その志は親に届くだろう。

＊

こうした事情もわかっていて、家老はこの事件を、握りつぶしたのだろうと思う。下手に藩主に伝えれば、イエスかノーかの返事が返ってくる。イエスなら、ほかの藩士にけじめがつかない。ノーなら、藤樹が脱藩したら追手を差し向けなければならない。だから藩主に取り次がなかった。脱藩を黙認した、ということだ。

武士の世界は、なんとややこしいのだろう。

近江での暮らし

故郷に戻ったものの、藤樹は農業なんかしたことがない。生活の手段がない。手持ちはわずか銀三百銭。うち二百銭は、大洲からついてきた家来に与えて帰らせた。残りの百銭で酒を買い、農民に計り売りした。これで日銭が入る。

つぎに、刀を売った。もう武士はやめた。それなら刀は要らない。身分制の常識をかなぐり捨てた、儒学原理主義だ。刀の売上げの銭は、農民に低利で貸し出した。武士らしい合理性がうかがえる。

＊

大洲での武家の暮らしは、ストレスばかりだった。故郷に戻って、のんびり暮らせるようになった。村人ともいい関係ができた。

学問では、『五経』を読み進め、易の研究も進めた。

村人は藤樹を、「与右衛門さん」ではなく「藤樹先生」とよぶようになった。庭に藤の樹が植わっていたからだ。

そのうちちらほら、藤樹の教えを請いに、かつての教え子や同僚がやってくるようになった。

妻をかばう

藤樹は三〇歳のとき、結婚した。儒学によると、三〇歳で結婚するのがちょうどよい。相手は武士の娘・久子一七歳。気立てのよい娘だったという。

ところか母の市が、嫁の久子を気に入らない。離縁を勧め、嫁に辛く当たる。理由は、久子の器量が悪いから。二人はウマが合わなかったらしい。

藤樹は久子に優しかった。そして、久子が賢くてしっかりしていると弁護した。母上、容姿は離婚の理由になりません。働き者で、貞淑で、健康で、性格もよく、母上にも私にもよく尽くしています。母への孝行を大事にしている藤樹が、この状況で妻をかばうのは見上げたものだ。

久子は藤樹のよき理解者で、門人が尋ねてきて談論が明け方になっても針仕事などしながら、来客に気を配った。

◆捷径医筌

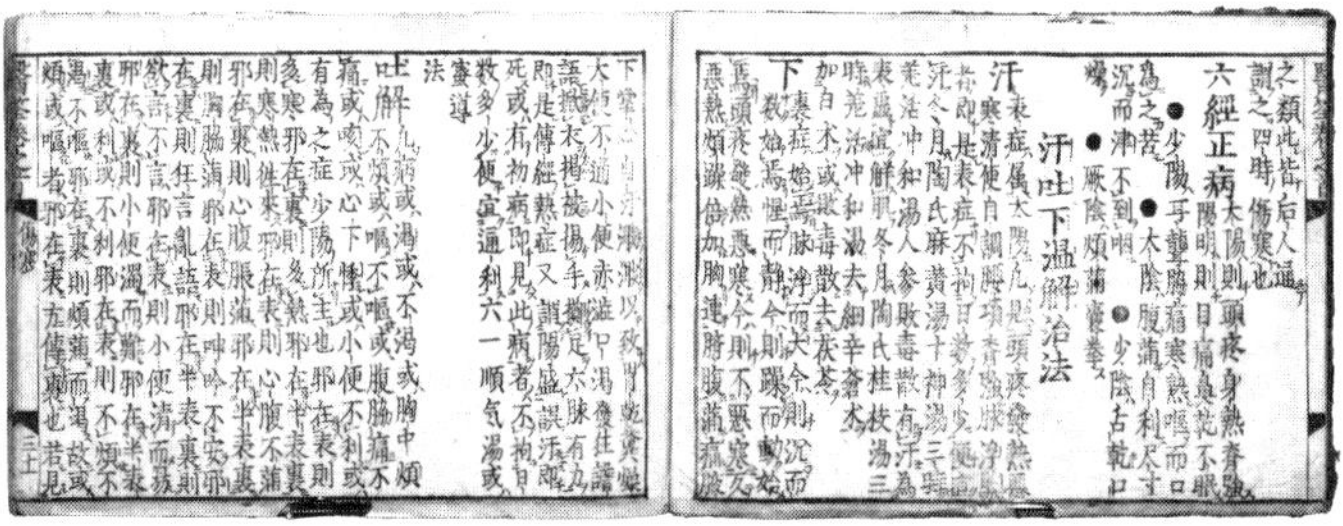

寛永15（1638）年に執筆された『捷径医筌』。上記はその後明暦元（1655）年に刊行されたもの。名古屋大学附属図書館医学部分館蔵。同館「近代医学の黎明デジタルアーカイブ」（https://www.med.nagoya-u.ac.jp/medlib/history/）にて公開。

久子は子どもを三人生んだが、みな幼くして亡くなった。そのあと生まれた虎之助と鐺之助《なべのすけ》は成人した。

『捷径医筌《しょうけいいせん》』

大野了佐《おおのりょうさ》という門人がいた。大洲の時代に医学書を勉強させていた。生まれつき覚えが悪くてはかどらない。（医者になるには、漢籍を読めなければならない。そこでまず、儒者に入門するのである。）

藤樹が脱藩した。親は医学を諦めるよう勧めたが、本人は諦めないで、近江にまでやってきた。藤樹は大野了佐のために、むずかしい医学書をわかりやすく再編集し、段落ごとに何回も繰り返して覚えさせた。

ついに大野了佐は医学をマスターできた。のちに、宇和島で開業している。

藤樹は、わかりの悪いたった一人のために、医学の入門書をまるまる一冊、書き上げてしまった。とてつもない教育者、と言うべきだ。

熊沢蕃山

門人のなかで抜群に優秀なのは、熊沢蕃山《くまざわばんざん》だった。

熊沢蕃山（一六一九―一六九一）は京都に生まれ、母方の祖父・熊沢守久の養子となった。一六歳で、備前岡山藩に仕えて小姓となった。二〇歳で学問を志し、祖母の実家のある近江に戻った。独学したが、はかどらない。よい師を探しに旅に出た。その宿で、中江藤樹の噂を聞いた。

飛脚は言う。二百両を預かって京都に向かっていたのさ。途中馬に乗り、鞍の下にその金をしまったのだが、それを忘れて、宿で気がついたさ。青くなっていると、馬子が二百両を届けに来てくれたのさ。助かった！　お礼に一五両を出すと、受け取らない。追って来た駄賃に二百文だけいただきます、と言うのさ。そこで二百文を渡すと、それで宿のみんなに酒をふるまい、帰って行こうとするのさ。ひき止めると、藤樹のことを話したさ。村に偉い先生がいて、親に孝を尽くせ、ひとのものは盗むな、と教えている。今日の二百両も自分のものじゃないから、返しに来たんだとさ。話ができ過ぎていて、講談のようだ。どこまでほんとうかわからないが、熊沢蕃山がどこかで藤樹の噂を聞いたのはほんとうだろう。

＊

熊沢蕃山はさっそく藤樹の家を訪ねて入門を請うが、藤樹は断る。理由はよくわからない。諦めきれない蕃山は、冬にまたやってきて、門前に座り込んで、二日間粘った。藤樹も根負けして、入門を認めた。

翌年、蕃山と藤樹は八カ月間、寝食を共にして学問に打ち込んだ。内村鑑三は『代表的日本人』で、藤樹の教育者としての素晴らしさを激賞している。

＊

熊沢蕃山はそのあと村に帰り、生活に困窮しながら学問を続けた。そのあと、ふたたび備前岡山藩に招かれて、藩政改革に力を尽くす。

詳しいことは、次章に譲ろう。

朱子学とのギャップ

中江藤樹は、学問を深めるにつれ、だんだん朱子学の公式見解に飽き足らなくなってきた。儒学が自分の血肉となって、オリジナルな思想に膨らみ始めたのだ。それがたとえば、『翁問答《おきなもんどう》』である。

この著作は、老翁とその弟子の問答を、藤樹が傍らで聴いて書き取った体裁を取っている。漢文でなく仮名書きで、読みやすい。内容は、孝について、文武について、学問について、儒仏について、の四部構成だ。

『翁問答』の原稿が、京都の版元の手に渡り、出版されかかった。藤樹は、原稿の内容に不満で、書き換えるつもりだった。あわてて差し止めた。じゃあ代わりの原稿を下さい。そこで、『鑑草《かがみぐさ》』を渡すと約束している。

『翁問答』が出版されたのは、藤樹の死の翌年。たちまち大評判となった。

＊

藤樹は、王陽明にも興味をもって、研究を進めた。

王陽明は、朱子のライバルである。林羅山が朱子学一本で行こうとしていたのを、藤原惺窩がかつて、陸象山や王陽明も重視するように、とたしなめたことがある。藤樹は、惺窩と似たように考えている。

『翁問答』の思想

『翁問答』には、藤樹独自の思想がたっぷりこめられている。こういう書物は、それまでめずらしかった。

藤樹は、どんな系統にも属さない。ロンリー・ウルフ（一匹狼）だ。（それを言えば、熊沢蕃山も、ロンリー・ウルフだ。）こう考えなければいけないと指導されたことがない。ただ自分で本を読んで、考える。本と対話して思索を深める。それまでの秘伝や相伝とは違った、開かれた知識の磨き方だ。

＊

藤樹は、自分の身体にしみこんだ生き方として、知識を語る。だから仮名書きの日常語である。村人に語るのと同じだ。たとえば、

さて元来をよくおしきはめてみれば、わが身は父母にうけ、父母の身は天地にうけ、てんちは太虚にうけたるものなれば、本来わが身は太虚神明の分身変化な

るゆへに、太虚神明の本体をあきらかにしてうしなはざるを、身をたつると云也。ばんみんはことごとく天地の子なれば、われも人も人間のかたちあるほどのものは、みな兄弟なり。

儒学とも仏教とも道教とも、日本古来の教えともつかないものになっている。儒学の書物を読み、そのほかの書物をも人びとが読む。それは、日本中のものを読む人びとが、こうした思考の担い手となり、読み手となるということだった。

*

江戸時代は、世界でもまれな出版文化の隆盛の時期だった。そこからうまれた知性のひとりが、中江藤樹だった。

家族じまい

藤樹の妻・久子は、三人の子を、幼くして亡くした。二人の男子は、成人して、いずれも備前岡山藩に仕官した。おそらく熊沢蕃山の配慮であろう。ただ二人とも、二十歳をすぎてすぐ歿している。

4
中江藤樹

藤樹は次第に、病気がちになった。妻の久子は、鐺之助を生んでまもなく二六歳で死んだ。一〇年の結婚生活であった。藤樹は悲しんだ。

まだ小さい二人の子がいる。

一年の喪が明けると、藤樹は再婚した。相手は、大溝藩士の娘で布里といった。藩主のお声がかりだという。よくできた女性で、藤樹を支えた。翌年には、弥三郎がうまれた。

＊

門人の努力で、教学の拠点「藤樹学堂」が完成した。

しかし、藤樹は体調を崩し、急に四一歳の生涯を閉じた。

妻の布里は実家に戻り、そのあと再婚した。

弥三郎は門人に引き取られ、立派に育った。

＊

後年、大塩平八郎は、藤樹学堂のあとを訪ね、往時をしのんだという。中江藤樹という存在は、書物を通じて、人びとのなかにしっかりその跡を刻んだのである。

5

熊沢蕃山《くまざわばんざん》

貧しくても学問を続け、儒学を政治に活かそうとして睨《にら》まれる

熊沢蕃山《くまざわばんざん》（一六一九―一六九一）は、生真面目で不器用な、儒学まっすぐ人間だ。浪人の家に生まれて、貧乏だった。苦労して学問をした。理解者はいたが、敵のほうがずっと多かった。とうとう幕府に睨《にら》まれて、蟄居《ちっきょ》を命じられてしまう。

蕃山は、儒学を政治に活かし、民衆を救おうとした。それだけでなぜ、こんな目にあうのか。その傷だらけの人生を、ふり返ってみよう。

浪人の子で養子に出る

熊沢蕃山は元和五（一六一九）年、京都の町中で生まれた。父・野尻一利、母・亀の長男だ。父は戦国の武士だったが、浪人（失業者）になっていた。生活はかなり苦しかった。

祖父（母の父）は熊沢守久といい、水戸藩の武士で、禄高は三〇〇石だった。そこで蕃山は、八歳のとき、祖父の養子になり、熊沢姓になった。

その祖父・守久が、蕃山一六歳のときに死んでしまう。蕃山は、身のふり方を考えなければならない。

岡山藩の小姓になる

さいわい蕃山は、父の遠縁の有力者のコネで、備前岡山藩に仕官できることになった。児小姓、つまり、藩主の身の回りで奉仕する役目だ。

藩主は、池田光政《いけだみつまさ》である。

池田家はもと美濃の地侍だった。一族の女性が織田信長の乳母となったことから順調な出世が始まった。池田輝政は秀吉に認められ、東三河に一五万石の領地をえたうえ、家康の次女・督姫《とくひめ》を妻に迎えた。秀吉の没後は家康に従い、播磨五二万石の大名となった。光政は輝政の孫。鳥取から岡山に転封したのは、蕃山が岡山藩に入るわずか二年前である。

岡山藩をクビになる

ところが蕃山は、せっかく就職した岡山藩をクビになってしまう。

きっかけは、島原の乱だ。江戸にいた藩主の池田光政は、出陣の命令を受け、岡山に向かった。蕃山は、元服前だったので、一行に加われなかった。でも蕃山は、加わりたくてしょうがない。そこで自分で元服をすませ、勝手に江戸を離れて岡山に来てしまった。重大な規律違反である。当然、免職になった。

島原の乱は鎮圧されてしまって、結局、池田光政は出陣しなかった。

＊

なぜ蕃山は、後先も考えず、そんな向こうみずな行動をとったのか。

蕃山は、遅れてきた青年だ。祖父の熊谷守久はかずかずの戦さに参加して、勇敢に戦った。戦場で雄々しく戦ってこそ、武士である。それなのに、父は浪人している。蕃山は、武士を理想化し、武術の訓練を怠らない。自分は武士だと思い詰めている。そのぶん、視野が狭くなる。

中江藤樹に入門する

無職になった蕃山は、近江国桐原に落ち着いた。琵琶湖東岸である。

桐原は、蕃山の母の実家がある。そこに一家で落ち着いた。衣食もままならない厳しい生活だったようだ。

蕃山はそこで、初めて四書を手に取る。二二歳のときだ。独学してみたが、はかどらない。師を探して、中江藤樹の噂を聞き、入門を志願した。やっと許されて、二三歳の冬からおよそ半年、藤樹のもとで儒学の教えを受けた。

＊

藤樹は、蕃山の才能を見抜いた。そして自分の学びの精髄を、蕃山に伝えようとした。四書や『孝経』を読んだ。藤樹はちょうど、王陽明や仏教に関心を拡げているところだった。蕃山は、藤樹の自慢の弟子となった。王陽明の影響は、蕃山にも及んでいる。

別れるにあたって、藤樹はつぎの言葉を送った。

「今、吾れ熊沢子に於いて、性命を以て相友愛する者に似たり」

とんがって生きる

蕃山は桐原に戻った。父が職探しのため江戸に出たので、母やきょうだいの生活を蕃山が見なければならない。ぞうすいと味噌の食事、紙子《かみこ》（貧乏人が着る紙製の服）を着て寒さをしのぎ、それでも学問を続けた。

＊

藤樹と蕃山が似ているのは、儒学を自分の生き方と重ねているところである。周囲に合わせない。とんがっている。

藤樹は若いころ、「格法」（儒学の原則に従って生きること）を大事にしていた。蕃山は桐原で独学を五年間続け、「心法」に励むようになった。本を読まないで心を練る、という実践だ。

藤樹、羅山を批判する

こんなふうに、似たところのある二人。さすが師弟である。

蕃山はのちに、藤樹の弟子として有名になる。それがかえってマイナスになったかもしれない。なぜなら藤樹は、林家の朱子学に「目の敵」にされたからだ。

＊

寛永六（一六二九）年、林羅山は幕府から、民部卿法印に任じられ、剃髪して林道春と称することになった。儒者が僧侶として、徳川家に仕える！　藤樹はこれが許せなかった。そこでさっそく「林氏剃髪受位弁」を著した。

「羅山は儒学のもの知りなのに、剃髪して僧形になった。朱子のいう、能《よ》く言う鸚鵡《おうむ》である」

キツい悪口だ。羅山以下、林家の人びとは、カチンと来たに違いない。

その後、林家の朱子学はどんどん地位を高めていく。公然と羅山を侮辱した中江藤樹は、ブラックリストに載ってしまった。ついでにその弟子の蕃山も。

岡山藩に復職する

貧乏な一家が飢え死にするのでは、とみかねて、再就職を斡旋《あっせん》してくれるひとがいた。もとの岡山藩に仕えることができた。蕃山、二七歳である。

蕃山は、譜代でなく新参の下っ端だ。藩主の池田光政にしてみれば、再雇用する義理はない。どこか見どころがあると思っていたのかもしれない。

(ちなみに、当時の名前は熊沢二郎八。蕃山は、のちの知行地の村の名だ。後世、熊沢蕃山で知られるようになった。生前、「熊沢蕃山」を自称したことはない。)

*

復職して二年もしないうちに、トラブルが持ち上がった。

蕃山は、おとなしく心法を修して勤めていた。そのうち、蕃山に学問があると知った仲間が、周りに数人集まってきた。喜んで蕃山が学問を講じていると、それを面白く思わない人びとが、蕃山を排除しようとした。

騒ぎは、藩主の光政に伝わった。光政は蕃山を三〇〇石に取り立てることにした。役割は、側役（ブレーン）。破格の抜擢だ。光政は蕃山の才能を高く評価していたことがわかる。

番頭に取り立てられる

これだけではない。

その三年後、蕃山は今度は三〇〇〇石の、鉄砲の組頭に任じられた。蕃山、三二歳のときである。（組頭は数年後に、番頭《ばんがしら》に改称される。）誰もが目を剝くような大抜擢である。

＊

これだけ目立った人事だと、人びとに警戒され、やっかみで問題が起こる。

岡山藩の家臣団は千名余り。そのうち一割のおよそ百名が、有力家臣である。家老が六名、番頭が一四名、物頭が一八名……と続く。百名の四割弱が関が原以前の譜代の家臣、四割弱が姫路時代に仕えた家臣で、岡山で仕えた蕃山のような新参者は例外だ。家臣団から文句が出ないように、光政も気を使わなければならない。

当時、家臣団は、番方《ばんかた》（軍事職）と役方《やくかた》（行政職）に分かれていた。戦争がなければ、番方の出番はない。名目的である。光政は、蕃山を名目的な番方の頭（侍大将）に任じて、臨時ポストの例外人事であることを強調し、随時、特命の任務を与えようとしたのではないか。

大名らが面会に

当時、大名が、儒者をブレーンに抱える例はまだ珍しかった。徳川幕府が林羅山を用いたぐらいである。そもそも儒学の素養がある大名が、徳川光圀など数えるほどだった。岡山藩主の池田光政は、そうした数少ない大名のひとりである。

池田光政が蕃山を召し抱えたという評判は、たちまち大名のあいだに広まった。中江藤樹の弟子だという。できれば会いたいものだ。光政が参勤交代で江戸に赴くと、蕃山も江戸に行く。すると、大名たちがつぎつぎ面会を希望した。

さっそうたる政治的リーダーと、それを助けて政策を提案する学者と。そう言えばこの組み合わせは、どこか小泉純一郎と竹中平蔵を思わせないか。

蕃山の業績とは

蕃山が光政の側近として、岡山藩の藩政に関わったのは、わずか一〇年間ほどだった。蕃山は三九歳で隠居し、一線を退いてしまった。

では、この間、蕃山はどういった改革の実績をあげたのだろうか。

それがあまりはっきりしない。

蕃山は、特命担当部長、みたいな立場で、藩主の光政を援けた。通常の行政ルートから外れている。部下が大勢いるわけでもない。光政に助言するとしても、藩政の骨格を変えるような提案はしにくい。それに、蕃山の登用を快く思わない家臣団が、抵抗勢力として居すわっている。藩主の光政もどうしようもない。

＊

ひとつ蕃山の活動がうかがわれるのは、災害復旧だ。

承応二（一六五三）年から翌年にかけて、天候不順と水害が岡山藩を襲った。江戸にいた光政は、領内に飢餓で苦しむ人びとがいてはいけないと、手紙で家臣に指示した。必要なら、内緒で蕃山に相談しなさい。

藩の備蓄金では足りないので、幕府から四万両を借用した。郡奉行らが一軒一軒被害を確かめて、救援金を配って歩いた。また、漏れがあるといけないので、「志ノ有士」（別動隊）が各地を回って同様に、救援金を配った。この「別動隊」が、蕃山のチームなのだろう。

家臣団からは、農民ばかりに手厚くして……と、不平がもれたという。

＊

岡山市内を流れる二本の川を結ぶ、放水路（百間川《ひゃっけんがわ》）がある。これは人工の水路で、工事に二〇年あまりかかった。この工事のアイデアを提案したのが、蕃山だという。

＊

蕃山は三〇〇〇石の鉄砲組の番頭に任じられたとき、すぐ借金をして、武器を整えている。隠居に際して引き渡した武器の目録によると、鉄砲百挺、弓百八張……と本格的である。形ばかりの番方でなく、本気で軍事行動に備えている。

岡山藩を辞める

蕃山は三九歳で、隠居した。家督は池田輝録《いけだてるとし》に譲った。輝録は池田光政の三男で、養子にもらい受けていたのだ。

隠居の理由は、体調がすぐれないこと。そして、前年に山から落ちて右の腰を傷めたこと。これでは武士の役割がつとめられないから、と。

*

それは表向きで、蕃山と家臣団との軋轢《あつれき》が深まっていたかららしい。

一説によると、藩の財政危機を打開するため、蕃山が家臣の俸祿の大幅切下げ（人件費カット）を計画していたのが漏れ、蕃山に対する反感が高まった。藩主の光政は混乱を避けるため、蕃山を一時遠ざけたのだという。

*

蕃山は、領内の蕃山《しげやま》に移った。そこには四年いた。

蕃山は、病気がよくなったら復帰しよう、と思っていたふしもある。でもやがて、事情が変化し、光政との信頼関係も少しずつ揺らいでいく。

変化の第一は、蕃山の隠居から一五年後、光政が、長男の綱政に藩主の地位を譲ったときのこと。次男の政言、三男の輝録にもそれぞれ二・五万石、一・五万石を与えて、支藩の大名として独立させた。蕃山が輝録に継がせた家は消えてしまった。輝録はいまや、独立した大名である。輝録の家臣たちは、蕃山が養父づらをして口出しするのを迷惑だと思っている。蕃山は面白くない。

第二は、光政が蕃山の行動を不快に思い始めたこと。蕃山は江戸の老中と交流があり、自由に懇談した。光政は、蕃山が岡山藩の悪口を触れ回っていると、気分を害した。蕃山は空気を読めず、他人の感情を考慮できないところがある。

各地を転々とする

蕃山は、岡山との縁も切れ、各地を転々とするようになった。だが、幕府からみれば、要注意人物である。その動向はいちいち監視された。

蕃山四三歳のとき、蕃山村から京都に移った。四九歳のとき、京都所司代が蕃山の京都居住を禁じたので、大和国吉野山、山城国鹿背《かせ》山を転々とした。五一歳のとき、播磨国明石に転居。翌年、播磨国太山寺に転居。近江に転居を願うも幕府は許さず。

六一歳で、大和国郡山に転居。六五歳のとき、幕府は江戸に出仕を求めるが、蕃山は高齢を理由に辞退する。このときには、幕府の中枢のなかに、蕃山に好意的な人びとがまだいたようだ。

六九歳のとき、幕府の命令で、下総国古河に赴いた。到着すると、古河城内に幽閉された。そこから一歩も出ることなく、七三歳、古河城内で死去した。

＊

蕃山の後半生は、武士の禄を失い、岡山との縁も切れ、流浪の身となって、諸国をさまよう三〇年だった。所属がないのだから、政治に関与することはできない。いきおい、学問を深め、いくつもの著述を残すことになった。

蕃山の改革プラン

蕃山は、儒学をただの学問ではなく、人びとの生きる指針、社会を導く原理だと考えた。現実に活かされなければ、儒学は意味がない。民衆を救うのでなければ、儒学の使命は果たせない。「経世済民《よをおさめたみをすくう》」である。

＊

蕃山は晩年、『大学或問《だいがくわくもん》』に自分の考えをまとめた。六八歳のころである。

まず、現状はどう危機的なのか。蕃山の診断は「惣づまり」。慢性のデフレ危機であるという。そのころちょうど、米の増産が進み、米価が一〇年ほど低迷していた。

蕃山の分析は、こんな具合だ。

1　米の増産（供給過剰）……「米少しおほく成たる」
2　米価の低迷……「米下直」
3　武士、農民の困窮……米を換金して消費物資を購入するため
4　工商も困窮する……武士と農民の消費支出が減るため

サムエルソン『経済学』にも書いてある、市場経済の基本的なロジックである。

では、どうするか。

城下町の武士を、帰農させる。知行地に戻って農業をやる。すると、第一に、食糧を自給できて、生活費が減る。第二に、都市を離れるので、贅沢が減る。第三に、武士の祿高を減らして、人件費が抑制できる。農民の負担（年貢）も減るだろう。

合理的である。でも、時計の針を逆に回すことになる。何より、家臣団が大反対するだろう。各藩や幕府にとっては、実行不可能な案である。

＊

◆大学或問

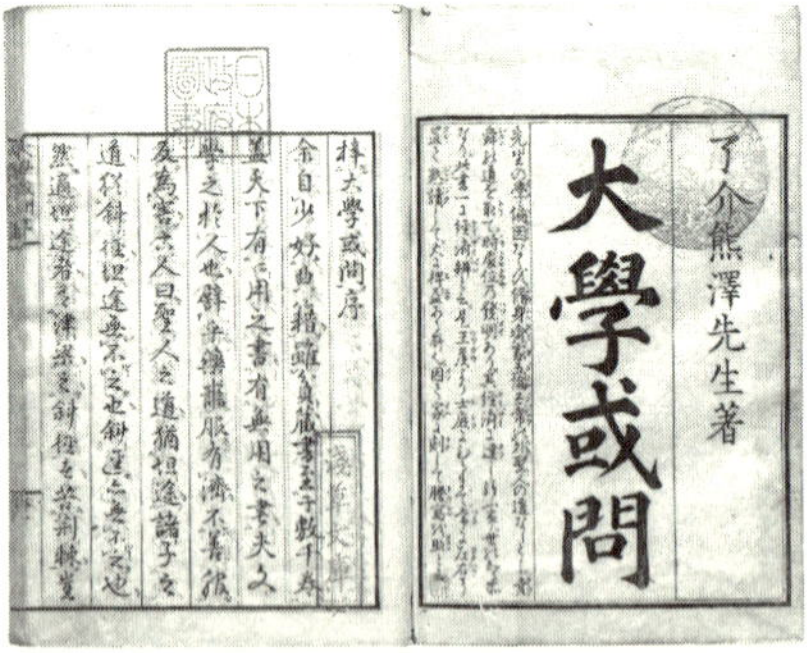

熊沢蕃山が 1686（貞享 3）から翌年にかけて著した『大学或問』。写真は約 100 年後の 1788（天明 8）年になって刊行されたが翌年発禁となったもの。旧所蔵者は昌平坂学問所。国立公文書館蔵。

とは言え、理屈は通っている。岡山藩で改革を実行できなかった蕃山は、その後も考え続け、このプランが正しいという確信をますます固くした。

では、どうする。

あちこちに手紙を書いた。老中など幕府の中枢に、蕃山に好意的な知人が何人かいた。晩年、彼らが亡くなってしまうと、その周辺の親戚や知人に手紙を書いて、取り次ぎを頼んだ。これが、政権担当者にとっては、政変を企む「不穏な動き」とみえたのだ。蕃山は、理屈に走りがちで、空気が読めないのである。

だから幕府は、蕃山を、古河に呼びつけて蟄居させた。事が大きくなる前に、先手を打ったのだ。

そのほかの著作

蕃山は自分を、学者だと思っていなかったという。でも、武士を引退し、ただの学問のあるおじさんになった。心ならずも、学者になったのだ。

主な著作をあげてみよう。

・『大和西銘《やまとせいめい》』……三二歳の出版。武士のあり方を、儒学の原則から論じる。
・『葬祭弁論《そうさいべんろん》』……四九歳の出版。儒学のやり方で親を送るべきで、仏教は誤り。
・『集義和書《しゅうぎわしょ》』……五四歳のとき初版完成。道義の実践を、和語で平易に説く。
・『論語小解《ろんごしょうかい》』……五五歳のときの著作。
・『集義和書』……五八歳のとき第二版。これ以後も原稿に手を入れ続けた。
・『集義外書《しゅうぎがいしょ》』……『集義和書』の別原稿。公刊されない秘書だった。
・『中庸小解《ちゅうようしょうかい》』……六一歳のときの著作。
・『大学或問』『大学小解《だいがくしょうかい》』『大学和解《だいがくわげ》』『繋辞伝《けいじでん》』『神道大義《しんとうたいぎ》』……六八歳のときの著書。

・『孝経小解《こうきょうしょうかい》』『孝経外伝或問《こうきょうがいでんわくもん》』『夜会記《やかいき》』…七二歳の、幽閉中の著作。
・『易経小解《えききょうしょうかい》』…七三歳の、幽閉中の著作。同年歿。
晩年はますます、著述に精力を傾けていたことがわかる。

幽閉の中に死す

蕃山は、六九歳で古河に幽閉されてしまった。けっこう政治的にきわどい手紙をあちこちに出していたのだから、それぐらいは予期していたかもしれない。あるいは、例によって空気が読めていなくて、意外に思ったかもしれない。

蕃山は、晩年になっても、空気を読んで丸くなったり、おとなしくなったりする人間ではなかった。むしろ老人の頑固さが加わって、怒りっぽくもなっていた。

＊

幽閉されるまで、蕃山は、大和郡山で八年間を過ごしていた。

蕃山が明石にいた当時、懇意になった明石城主・松平信之が、大和郡山に転封になった。蕃山は郡山に移りたいと思ったが、幕府の黙諾がないと移れない。ようやく移れることになり、郡山に落ち着いた。蕃山六一歳だった。

蕃山六九歳のとき、幕府から連絡があった。下総国古河に行きなさい。古河藩主・松平忠之は蕃山の理解者のひとりである。用向きもわからぬまま、蕃山は古河に向かった。

一〇月、古河に着くと、幕府の沙汰が伝えられた。今後は古河を「住居」とし、よそに出かけてはならない。刑罰ではないので、古河では平常どおりにしてよい。大小の刀を差してよい。見張りは置かない。けれども来客との面会は禁止。手紙を出すのも禁止。屋敷のなかを歩くのはよろしい。幽閉である。

蕃山は、意外な展開に驚いたことと思う。でもいまさら、じたばたしても仕方がない。そう、達観したかもしれない。

＊

蕃山の妻は市といい、郡山に住んでいた。夫が幽閉されたと聞いて、急いで古河に向かった。道のりは五百里ほど、ふつうに歩いても二〇日はかかる。心が張り裂けそうな道中は、辛すぎる。一一月に古河に着いた市は、翌年八月に亡くなった。

蕃山は、幽閉のあいだも著述の毎日を送り、幽閉から四年目で古河で歿した。高熱の病のためという。

蕃山の墓は、妻・市の墓と並んで、古河の鮭延寺《けいえんじ》にある。

6

契沖《けいちゅう》

貧しい浪人の息子が僧になり、
独学の果てに国学にたどり着く

契沖《けいちゅう》は、負け組だ。

契沖の一家は、運が悪かった。契沖もいろいろ苦労をした。

それでも後世に名を残す、大きな仕事をした。立派なものだ。不運にくじけなかった契沖の一生に、敬意を表したい。

浪人の家に生まれて

契沖は寛永一七（一六四〇）年、摂津（兵庫県）の尼崎に生まれた。父・下川元全《もとたけ》の第三子である。

契沖の祖父・下川元宣《もとよし》は加藤清正の家臣で禄高は五〇〇〇石だった。清正が朝鮮出兵のあいだ、熊本の城の留守を預かった。その長子・元真は一万石。大企業の副社長クラスである。

加藤清正が死ぬと所領は没収され、子の忠広は出羽の一万石に改易された。元真も職を辞した。

契沖が生まれたころ、父の元全は尼崎で二五〇石の禄をえていた。きょうだいは八人と多かった。長男の元氏は、仕官先（就職口）をもとめて越後に出向いた。ほかの子どもたちは出家したり養子に出たりした。

契沖が僧侶になったのも、こういう苦しい家庭の事情による。当時の日本は浪人だらけで、理不尽な運命に苦しむ人びとが大勢いた。

真言宗の僧となる

契沖は一一歳のとき、大坂の今里の妙法寺に入り、丯定《かいじょう》の教えをうけた。寺の小僧である。般若心経を数回聞くと覚えてしまうほど、記憶力がよかった。理解力もよかった。また和歌を、多く諳《そら》んじていた。丯定は契沖を気に入った。

一三歳になると剃髪して、高野山に修行に入った。それから十年、真言宗の僧侶として修行している。

＊

高野山では、東宝院の快賢の指導を受け、灌頂《かんじょう》を授かり阿闍梨《あじゃり》となった。博士号をもらって大学院を卒業した！

当時の高野山は、どんな場所だったか。

お寺の本山は、利権の塊である。世俗以上に世俗的な、お金の話や人事や派閥争いが渦巻いていた。契沖のような、真面目で頭脳明晰で感受性のするどい若者は、やっていられないと思ったろう。それでも、義剛や微雲軒といったよい友人には恵まれた。義剛とは終生、歌のやりとりをしている。微雲軒とは、源氏物語の疑問を相談したり、病気のことを尋ねたりしている。

曼陀羅院の住持となる

高野山を下りた契沖は、大坂の曼陀羅院の住持になった。たぶん手定が世話してくれたのだろう。

契沖は、寺の住職になるのは気が進まなかったようだ。檀家の面倒をみなければならず、雑事も多い。まるでコンビニ店長だ。恩のある手定の言うことなので、しばらくつとめはした。

そのころ、父の元全が死んでしまう。父は、長男の元氏のいる新潟に身を寄せていた。結局、仕官はうまく行かなかったようである。契沖はひとしお寂しさを感じた。

そのころ詠んだ歌。

山里ににたる我宿かくてだに住べき物とうくも有かな

繁華な大坂にいても、山里にいるかのような孤独な住まいで気が滅入るぜ。

数年すると、契沖は、曼陀羅院から姿をくらましてしまう。

下河辺長流を友とする

曼陀羅院の時代、契沖は歌をたくさん詠んでいる。文学青年である。

そのころ、下河辺長流《しもこうべちょうりゅう》と友人になった。

下河辺長流は、大和（奈良県）の竜田の生まれ。契沖より一六歳年長である。武士の出身だと思われるが、定職に就くことなく、隠士（フリーター）として暮らしていた。京都の旧家で、所蔵の古典の注釈を写す仕事（アルバイト）をしたともいう。晩年は、父も母も、兄弟も死に、身寄りもなくひとりで暮らす身の上だった。そんな境遇が似通っていたのか、契沖とは終生、心を許す友人として付き合っている。

放浪の旅に出る

曼陀羅院を出奔した契沖は、放浪の旅に出る。これまでの不自由を取り戻すかのように。

安藤為章《あんどうためあきら》の伝記『行実』によると、《一笠一鉢随意周遊、詣和州長谷寺、絶食念誦一七日、登室生山、薫修精練三七日（着の身着のままの托鉢僧の姿で、大和の長谷寺を詣でては、一七日間絶食して経典を念誦し、室生寺に登っては三七日間、集中して仏道修行に明け暮れた）》とある。なにか思い詰めた様子が伝わってくる。

室生寺では、こんな歌を詠んでいる。

旅にして今日や暮れぬと聞くもうし室生の寺の入相の鐘

（旅に出て、ああ今日も一日が終わると、室生寺の夕方の鐘の音が響いてくるのが鬱陶しい）

完全にウツ状態だ。

ハンパ者として生まれたこの自分。誰にも知られず、誰にも尊重されず、誰にも愛されず、ただ生きているだけ。高野山で本気で仏道に励み、最高の学識を授けられはしたが、それが何の足しになるだろう。この世界を生きる意味がみえない。この世界を生きる価値がわからない。こんな中途半端な状態に、自分で決着をつけるべきではないか。

暗い想念が、契沖の頭のなかをぐるぐる渦巻いていく。

自殺しそこなう

この室生の地で契沖は、本気で死のうとした。安藤為章『行実』にはこうある。

《室生山有一巌窟。師愛其幽絶、以為堪捨形骸、乃以首触石、脳且塗地。無由命終、不得已而去。〔室生山に岩の洞窟があった。契沖はその様子が気に入り、死に場所にぴったりだと思った。頭を思い切りガツンとぶつけたが、血まみれになるだけで、どうしても死に切れない。あきらめてその場を去った〕

ここからどこをどう歩いたものか、契沖は再び高野山に向かう。

*

高野山に上った契沖は、円通寺の快円から、菩薩戒を受けたという。もっとも契沖は、とっくに高野山には幻滅していた。

かくれては世をも罪をものがれけん高野も今は山のかひなし
〔世捨て人のような生活をして、自分をネガティブにとらえすぎるのはやめよう。高野山もいまは、かつてのアカデミアの輝きがない〕

ほどなく山を下りた契沖は、久井村の辻森吉行の家に滞在した。代々の真言宗の信徒で、離れの小庵（四畳半アパート）に住まわせてくれたのだ。辻森家の書庫には、漢籍仏典が多くあった。久井村の辻森家で契沖は、ひととき心のゆとりをもつことができた。

長流の万葉研究

下河辺長流は、このころ国文学の研究を進め、『万葉集』についての著書もいくつか出版していた。『万葉集名寄《まんようしゅうなよせ》』『枕詞燭明抄《まくらことばしょくみょうしょう》』『万葉集管見《まんようしゅうかんけん》』『万葉集抄』などである。これらの著作を、水戸の徳川光圀が読んだ可能性がある。契沖と知りあったのは、長流が万葉研究にもっとも力を入れていたころだ。

*

契沖は、久井村に五年ほどいたあと、近くの伏屋長佐衛門の家に移り、小さな庵に住んだ。長佐衛門の家には、和漢の書籍がたくさんあった。ここには四年間いて、さらに研究を深めた。とくに、和書についても詳しくなった。『正字類音集覧《せいじるいおんしゅうらん》』はこのころの著作である。

妙法寺の住職になる

契沖は、伏屋を出たあと一、二年の間、『儀軌《ぎき》』の書写などをした。それから、妙法寺の住職になった。年老いた母の世話をする必要があった。契沖三九歳。いつまでもブラブラしているわけにはいかない。

師の丰定は五七年間、妙法寺の住職をつとめたあと、そのポストを契沖に譲った。それを待っていたかのように、ほどなくこの世を去った。

妙法寺の住職をつとめたのは、およそ一〇年ほどである。雑務も多かったことだろう。でも契沖はこの時期、研究と著作に専念することができた。『万葉代匠記《まんようだいしょうき》』を書き上げたのも、このころである。

*

『万葉代匠記』

徳川光圀は、下河辺長流に、『万葉集』の注解を書いてほしいと依頼した。長流の学者としての力量を高く評価したからである。

水戸藩の藩主が、身分も社会的地位もない一介の町の学者に、古典中の古典の注解を頼むのだから、これは本来ならありえないことだ。光圀は、世間の常識など気にしない。長流は指名を受けて感激し、また意気に感じたろう。勇んで作業にとりかかろうとした。

ところが長流の健康は、この大仕事に耐えられそうになかった。たとえ着手したとしても、完成は覚束《おぼつか》ないだろう。考えたあげく、長流は、光圀に事情を説明し、代わりに契沖を推薦した。契沖は学力も健康も申し分ない人物で、きっと見事に仕上げられます、と書き添えたに違いない。

＊

そこで今度は契沖に、『万葉集』の注解を執筆するように、との依頼があった。契沖は慎んで、引き受けた。

そうして完成させたのが、『万葉代匠記』である。

「代匠」とは「ピンチヒッター」。長流が書くべきところ、契沖が代わりに書きました、という意味である。依頼主の光圀の代わりに書きました、というニュアンスもある。光圀の章でのべた通りだ。

水戸藩からは手当が出た。少し生活が楽になった。

＊

『万葉代匠記』には、初稿本と精選本がある。初稿本は一六八一年ごろに起稿し、一六八六年ごろ完成している。下河辺長流はその完成をみないで歿《ぼっ》してしまった。同じ負け組の、生涯の心の友を、契沖は失った。

いや、待って。長流と契沖は負け組だったのか。負け組こそほんとうは勝ち組だった。そんな奇蹟の逆転劇を演じたのではないか。長流と契沖の魂のタッグが、その奇蹟を起こしたとは言えまいか。

初稿本と精選本

契沖は『万葉代匠記』を、四四歳のころまでに書きはじめ、それからおよそ五年かかって完成させた。初稿本である。

これを水戸藩に送ったところ、さまざまな版との校訂が十分でなかったので、修正することになった。写本で伝わるうち、いろいろな系統の版ができてしまうのだ。水戸藩は諸本を校訂した『四点万葉集』をつくって、契沖に提供した。契沖は、注釈も修正し、四年ほどかかって完了した。精選本である。

*

初稿本は、契沖の手許にあるうち、弟子が写本をつくって世間に流布した。精選本は水戸家にあって、世間に流布しなかった。精選本が刊行されたのは、明治になってからである。

6

契沖

◆万葉代匠記

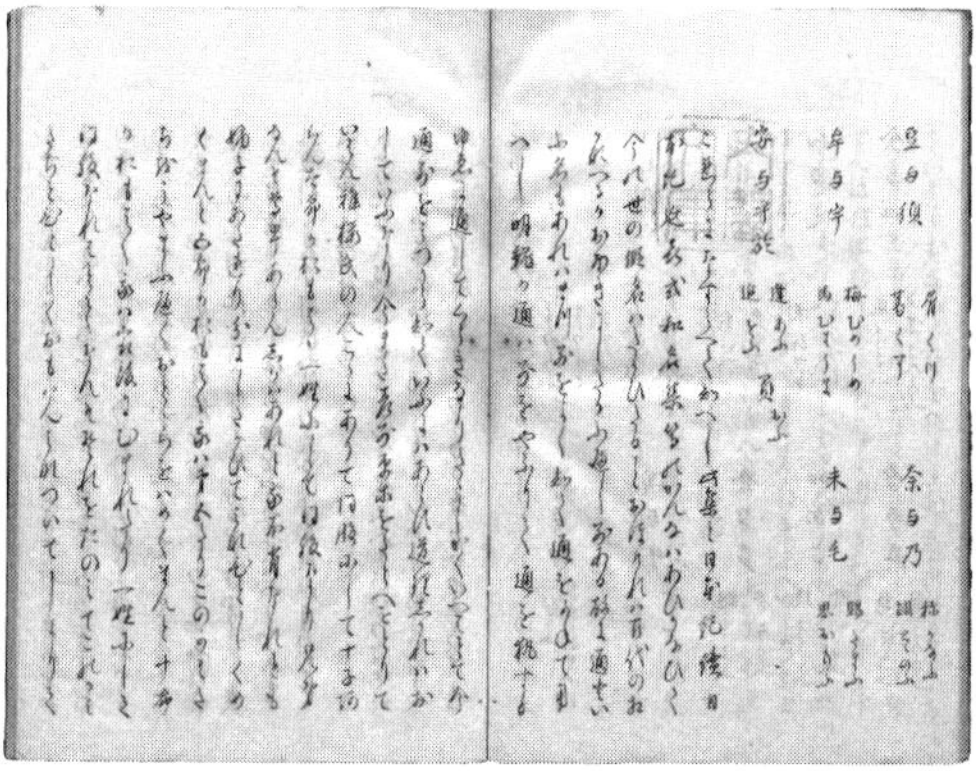

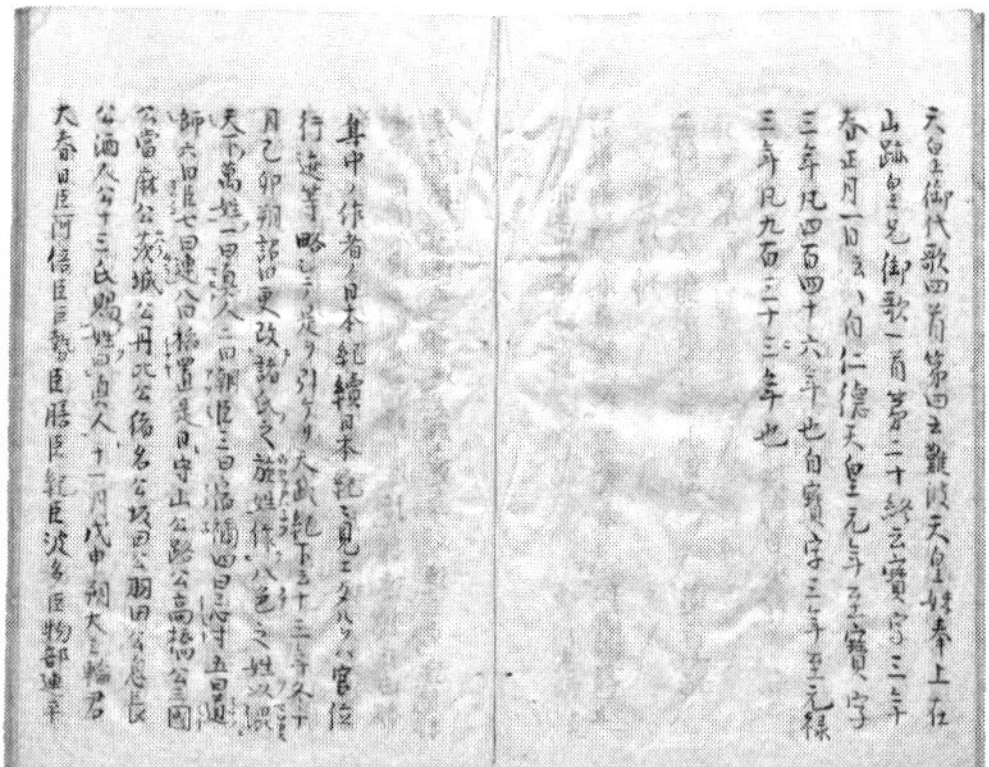

写真上は平仮名で記された『万葉代匠記』初稿本の写真。下は片仮名で記された『万葉代匠記』精選本の写本。いずれも国立公文書館蔵。

国学の原点

『万葉代匠記』は、契沖の代表作である。そして、わが国の国学の原点となる書物である。

この著作は人びとに衝撃と感動を生み、後続する人びとを奮い立たせた。このような方法と研究プランで、日本の古典を読んでみたい。その秘密を明らかにしたい。そうした人びとの系統が、契沖のあと、荷田春満《かだのあずままろ》—賀茂真淵《かものまぶち》—本居宣長《もとおりのりなが》—平田篤胤《ひらたあつたね》と続く。いずれも国学のビッグネームだ。そして、彼らの仕事が人びとの意識を大きく変えた。明治維新の源流になったと言ってもよい。

下河辺長流に、そして契沖に、『万葉集』の注解を依頼した徳川光圀は、まことに炯眼《けいがん》だったと言うべきである。

契沖の方法

契沖のテキスト読解は、合理的で科学的である。今日の水準でみても、実に優れている。一七世紀（江戸時代の初期）に、なぜこのように徹底した方法をとることができたのだろうか。

その理由は、いろいろ考えられる。

第一に、担い手の違い。それまでテキストの読解を引き受けてきたのは、五山の僧侶や公家だった。秘伝とか相伝とか、狭いサークルや師弟関係のなかで、読解を伝承していく。テキストと読解がかけ離れていても気にしない。むしろ、テキストからは導けないアクロバティックな読解のほうが、有り難がられる。トンデモ読解であっても、第三者の批判を受け付けない。

儒学を武士が担うようになってから、様子が変わった。惺窩も羅山も契沖も、仏教出身ではあるものの、従来の仏教とは距離をとっている。むしろ儒学や国文学のテキストそのものに内在しようとする。印刷（公開）されたもの（のみ）を手がかりに、公開の講義や討論を通じて、読解や意味解釈を磨き上げていく。僧侶や公家よりも武士のほうが、行動も思考も合理的なのだ。

＊

第二に、それに加えて、契沖は仏教の、「文証」（テキストクリティーク）にもとづく仏典の読解の方法を身につけていた。仏典の読解は、インド、中国以来の伝統があって、日本のなかで閉じていない。誤魔化しようのないロジックが、仏典に書き留められている。用例にもとづいてテキストを正確に読解すれば、誰でも妥当な結論に達することができる。

このテキスト操作の技術は、万葉集の読解にも応用できるのだ。

＊

第三に、契沖は、悉曇学《しったんがく》も学んでいた。サンスクリット語が読み書きできた。高野山は、真言宗である。真言系の経典は、真言（陀羅尼《だらに》）だらけである。たとえば般若心経には、「羯諦《ぎやてい》羯諦《ぎやてい》波羅《はら》羯諦《ぎやてい》波羅僧《はらそう》羯諦《ぎやてい》菩提《ぼじ》薩婆訶《そわか》」という句がある。これは、サンスクリット語を漢字に音訳したもので、漢字の字面をみてもまったく意味がわからない。サンスクリット語を知っていてはじめて、漢字の背後に隠れている音声の意味がみえてくる。

このメカニズムが、万葉集の場合にも成り立つことを、契沖は強く意識することができたのだと思う。万葉集は漢字によってはじめて書きしるされたもので、もとは音声としての言語（歌）である。漢字を意味ある漢字として読むのではなく、音声符号として読むことで、もとの音声（言語表現）に遡及できる。漢字の層と、意味の層。これを意識して区別することは、のちの本居宣長の、漢意（からごころ）／やまとごころの区別に通じている。

＊

契沖はこのように、分析的な方法と合理的な批判意識を研ぎ澄ますことができた。それは、藤原惺窩や林羅山が推し進めた、朱子学の普及が追い風になっている。儒学(朱子学)は、合理的である。合理的に世界を理解し尽くし自分を律し切るという、モデルを示した。人びとが朱子学の素養を身につけ、合理的な態度をわがものとしたその先に、契沖の仕事が生まれている。

孤独の戦い

契沖は、まったく何の身分もなく、ツテもなく、将来のあてもなく、自分の研究を続けた。自分を信じ続けた。江戸時代の誇りある知性のスタイルである。

＊

日本には大学がなかった。

欧米の大学は、神学校から出発している。牧師や神父を養成するためである。教会が献金して財源とする。教授陣も雇う。それ以外の学部も拡大していく。図書館もある。政府と独立した知の拠点ができる。

日本には、キリスト教がない。仏教ならある。仏教では総本山が、類似の役割を果たした。けれども仏教は、(儒学を兼学し漢籍を通覧したのを除けば)世俗の学問に拡大しなかった。ほかに公家が、和歌や学問を伝承した。しかしそれも、広く公開されることはなかった。

＊

江戸時代に生まれたスタイルは、塾である。

儒学が武士の素養として、一般化する。多くの武士が書物を求め、指導を求める。すると、出版が成立し、講義を聴く需要が生まれる。学力があると評判の学者に、人びとは入門して門人となる。教えを受け、いくばくかの対価(月謝)を払う。藤原惺窩や中江藤樹や契沖や……のスタイルである。政治との距離はある程度保たれる。けれども、不安定な身分にすぎない。

＊

学者は、出版によって生活を支えるのもむずかしかった。出版はコストがかかる。大衆受けする文芸作品などの場合を除き、稿料は払われない。むしろ学術書の場合、原稿を持ち込んだ本人が経費の一部を負担する場合がよくあった。本が売れても、著者は生活できないということである。

それでも江戸時代、出版は、世界的にみても稀なほど盛行した。人びとの読書欲が高かった。学者たちは、世に知られ、人びとの知に貢献することに誇りを感じて、学問に励んだ。無償の努力である。

＊

契沖も、こうした人びとに交じって、自分を信じ、生活の困難のなかで誇りを失わず、学問に一生を捧げた。生命を削って書物を書いた。

こうした先人らの尊い営為のうえに、日本の文化と伝統が成り立っている。いまを生きるわれわれは、彼らに報いるわけにはいかない。だがせめて彼らのことを覚え、感謝を忘れないようにしようではないか。

住職をやめる

契沖が五一歳のとき、母が亡くなった。

契沖は、するとすぐ妙法寺の住職をやめ、円珠庵（狭いアパート）に移った。円珠庵は、かつて伏屋で住まっていた庵を、天王寺付近に移築してもらったものだ。『万葉代匠記』の精選本も完成し、一段落がついた。

契沖は、ここで晩年を過ごした。独身のまま、学問に集中する毎日だ。

＊

とは言え、定収入がない。つつましい暮らしである。門人がサポートしてくれたかもしれない。水戸藩から仕送りもあったかもしれない。『万葉代匠記』が完成したとき、まとまった金額を受け取ったらしいが、それは自分のものとせず、貧民に分け与えてしまった。

＊

万葉研究との関連で、歴史的仮名遣いに関する研究をまとめて発表した。これは、反響があった。

この時期はほかに文学の仕事が多い。『十三代集略《じゅうさんだいしゅうりゃく》』『古今和歌六帖《こきんわかろくじょう》』『厚顔抄《こうがんしょう》』『古今余材抄《こきんよざいしょう》』『勢語臆断《せいごおくだん》』『百人一首改観抄《ひゃくにんいっしゅかいかんしょう》』『源注拾遺《げんちゅうしゅうい》』『拾遺集考要《しゅういしゅうこうよう》』『新勅撰集抄』などである。さまざまな古典の書写校訂も行なった。

臨終

だんだん健康も衰えるなか、門人たちが集まって、六〇歳を祝った。

このころ徳川光圀も亡くなった。

元禄一四年正月に、契沖は生涯を終えた。六二歳だった。墓は、天王寺の近くの円珠庵にある。

7

伊藤仁斎《いとうじんさい》

ひきこもりの青年が学問に目覚め
朱子学の向こう側に出てしまう

伊藤仁斎《いとうじんさい》は三〇歳のころ、三年間も自室に引きこもっていた。でもそのあと、社交的な人物に生まれ変わった。何があったのか。

仁斎は、京都生まれの町人の儒者。朱子学を喰いやぶる画期的な「古義学」を思いついた。こんなにユニークな学問を生み出した、その悪戦苦闘のあとを追いかけてみよう。

商人の子に生まれて

伊藤仁斎は寛永四（一六二七）年、京都の堀川通勘解由小路北で生まれた。父は伊藤七右衛門、母は那倍《なべ》。源七と名づけられた。長男である。

父の家は商家で鶴屋と称した。どんな業種だったかはっきりしない。仁斎がのべていない。商売があまり順調でなかったのかもしれない。

母の父は連歌の師匠で、京都の上層文化人のネットワークにつながっていた。

＊

仁斎が生まれたころの京都は、戦乱の世も遠い昔となり、繁栄を取り戻していた。町人の文化が花開き、学術の中心地でもあった。

7
伊藤仁斎

学問の道に進むぞ

源七（仁斎）はおとなしい子だったという。争いを好まない。その性格は、あとあとまで変わらなかった。

一一歳で、先生について学問の手ほどきを受けた。『大学』を習った。

家には『四書』『語録』『或問』『近思録』『性理大全』など朱子学の基本図書が揃っていて、自由に手に取ることができた。

一七歳のころに、学問の道に進もうという気持が強くなった。

＊

二二歳のころ、松永尺五が京都に戻ってきて、堀川に講習堂ができた。目の前だ。松永尺五《まつながせきご》は藤原惺窩《ふじわらせいか》の門人である。仁斎もそこで講義を聴いたであろう。

ほとんど引きこもり

勉強が好きすぎて、寝食を忘れるほどになった。名誉や金儲けのためでない。野山を歩いても、町中で歌声を聴いても芝居を観ても、学問をしている自分がいる。儒学は金にならないから医者になれば、と周りは勧めた。きつく意見する親戚もいた。自分のことに口を出す身内はやっかいだ。世間に迎合せず、世間に知られなくても悔いないのが、学者なのに。

すっかり頭でっかちの朱子学原理主義だ。自分で「敬斎」と名のり始めた。

＊

『敬斎記』という原稿を書いた。朱子学の根本は「敬」である、と主張した。続けて、『太極論』『性善論』『心学原論』を著した。大学院の研究レポートだ。朱子の議論を発展させ、朱子ら宋儒が明らかにしなかったことまでのべている、と自負した。二七歳のころである。

＊

それから仁斎は家を出て、近所に引っ越した。皆が反対したのを押し切った。学問に集中しよう。二九歳のときである。

そしたら、病気がひどくなった。心臓病か肺病だったらしい。机にもたれ庭にも出ず、近所のひとと顔を合わせなかった。オーバー・ドクターのうつ状態だ。ほぼ引きこもりである。

引きこもっていた間、親しく話し合う友人は、井上養白《いのうえようはく》ただ一人だった。だんだん考えが拡散していく。陽明学も読んでみる。ああだこうだと考えがまとまらない。ついには、仏教や老荘にも手を伸ばした。

「白骨観法」というのを試みた。禅のメソッドで、静座して、肉体が脱落して白骨が坐っているかのように思い込むのだ。やってみると、自分ばかりか相手も白骨に思えてくる。道行くひとはロボットが歩いているように思える。山も川も建物も、まぼろしのようである——かなりきわどい精神状態だ。

「仁斎」になる

思想のとおりに生きたい。生きるとおりに思索したい。まじめで倫理的な態度である。まずはそんな、頭でっかちの朱子学原理主義になった。

でもそれを徹底すると、それを通り抜けてしまう。人間の皮も肉も脱落する、白骨観法になる。何が確実で何が不確かか。何が根拠で何が枝葉か。それがぐるぐる回転し、流動化する。

それも通り抜けると、ついにほんとうの根拠がみつかる。学問の方法もみつかる。

そういう転機を、仁斎は迎えた。

＊

引きこもって三年経った万治元（一六五八）年に、仁斎は危機を脱して、新たな境地に達した。名前も「敬斎」から「仁斎」に改めた。そして『仁説』を著した。

研究スタイルを変える

地震があって、京都の町も被害を受けた。それを機会に、仁斎は別宅をひき払って自宅に戻った。

前とどんな点が違ったか。

第一に、ふつうの訓点のある本（点本）ではなしに、訓点のない本（無点本）を好んで読むようになった。漢文を、日本語としては読まないぞ、という意味である。これはあとでのべる、荻生徂徠《おぎゅうそらい》のやり方と似ている。

第二に、塾を開いて、受講者に教えた。

第三に、仲間と研究会を始めた。「同志会」だ。月に三回集まり、輪番で、誰かが講師をつとめる。講義のあと、みなで討論する。コメントはするが甲乙（優劣）をつけない。なかなか画期的で、リベラルな研究態度である。

第四に、五〇代になってからだが、訳文会という研究会も試みている。これは、漢文をまず、仮名まじり文（訳）に置き換え、今度はそれを、また漢文につくり直すと（復訳）を練習するもの。もとの漢文に戻らなかったら、何がまずいかチェックする。興味ぶかいやり方だ。

＊

こうして研究のスタイルを変えながら、朱子学を脱構築しようという格闘を、そのあともずっと続けていった。

ライバル山崎闇斎

そのころ山崎闇斎《やまざきあんさい》が、土佐から京都に戻っていた。山崎闇斎は朱子学のなかでも、原理主義を突き詰めた特異な思想家である。彼のグループを、闇斎学派（崎門学《きもんがく》）という。

闇斎の家は、仁斎の家の目と鼻の先だった。その自宅で塾を開き、『近思録』『四書』『周易程伝』を講義した。それからは、年の半年は江戸方面に出て、半年は京都で講義するようになった。

こうしてだんだん盛んになっていく闇斎の塾のすぐそばに、仁斎は塾を開いた。張り合っている感じになった。

＊

山崎闇斎は厳格なひとで、朱子学を絶対視し、朱子の注釈に従って四書五経を読んだ。朱子学の原則をそのまま、現実に適用する。

仁斎は、朱子学を絶対視するのをやめ、古典と現実の往復運動のなかから、この世界の原理を探ろうとする。その原理が「仁」（人間の本性）なのだった。

闇斎の門下の佐藤直方《さとうなおたか》と浅見絅斎《あさみけいさい》が、仁斎の堀川塾に一年ほど通ったらしい。この二人は闇斎学派の大物だ。ライバルなのだが、少しは接点があったことになる。

朱舜水への敬意

朱舜水が長崎にやってきたと聞いた仁斎は、教えを乞いたいと思った。でも、老父母を置いて家を空けるわけには行かない。そうこうするうち、朱舜水が徳川光圀の招きで、江戸に移ることがわかった。

仁斎は、孔子と孟子の教えが、儒学の根本だと考えるようになっていた。だから、朱舜水から直接、孔子と孟子についての教えを受けたかった。でも会うことはむずかしい。仁斎は朱舜水に手紙を書いて、教えを乞い、返事をもらっている。契沖と同様、仁斎も、徳川光圀の拡げたネットワークにつながっている。

遅い結婚

仁斎は四四歳のとき、ようやく結婚した。妻は、尾形嘉那。妻の父は医師で、親戚にも医師が多い。また、いとこに尾形光琳、尾形乾山の兄弟がいる。要するに、京都の上層町人の一族だ。このころまでに、仁斎はけっこう著名人になっていた。そうして結ばれた縁である。

まもなく長男の東涯が生まれた。仁斎は、お腹の大きい妻に毎晩、孝経そのほかを朗読して聞かせ、胎教を行なったという。

＊

尾形家は、京都の上流社交界の常連である。そのひきたてによって、仁斎は、多くの人びとと交流を深めることになった。

『大学』は孔子の作でない

さて、仁斎は結局、どうやって朱子学の呪縛《じゅばく》を逃れることができたのか。

その秘密は、仁斎が「『大学』は孔子の作でない」と証明したことに、集中的に現れている。

＊

朱子学は体系的（システマティック）な信念である。その信念を丸のみにする。どんな信念かというと、こうなっている。

《朱子学の信念》

1　四書・五経は、聖人の真理の言葉である。
2　四書・五経は、朱子学（朱子の注釈）に従って、読むべきである。
3　こうして理解した四書・五経にもとづいて、考え、行動すべきである。

朱子学は、宇宙には、根本原理（たとえば、理と気の原理）があると考える。その原理（たぶん仏教から密輸入した）によって、四書・五経を読み解くのが、朱子の注釈だ。

『大学』が孔子の作ではない。後代の儒者らがつくった。孔子が聖人だとしても、後代の儒者らはただの人間だ。ならば、「朱子学の信念1」が成り立たない。朱子学の根底がゆらぐ。

＊

これがどれだけ破壊的か、ピンと来ないひとがいるといけないので、キリスト教の例を出して説明しよう。

モーセ五書はモーセの作か

キリスト教は、聖書が神の言葉だと考える。信仰の根本だ。

たとえば旧約聖書の最初の五冊（モーセ五書）は、預言者モーセが神ヤハウェから受けた啓示を記したもの、と考える。

読んでみると、五冊目の『申命記』の最後に、こう書いてある。「モーセは死にました。その墓がどこにあるか、誰も知りません。」これは奇妙ではないか。ジョンの日記の最後のページに「ジョンは死にました。墓がわかりません。」と書いてあったら、その箇所はジョンが書いたのでないのは明らかだ。同じ理屈で、『申命記』（の最後の部分）は、モーセが書いたのでないのは明らかだ。

でもみんな黙っていた。教会の教え（聖書は神の言葉である）を、丸のみにしていたからだ。思考停止である。そこでスピノザが、モーセ五書はモーセが書いたのではありません、と論文を書くと、大騒ぎになった。

スピノザは一七世紀のオランダの学者。教会のこり固まった信念に、揺さぶりをかけた。仁斎と同時代に、よく似たことをしたのである。

朱子学を解体する

『大学』が孔子の作でない、と証明した。それは、テキスト（聖典）の編集の過程を考えたからわかった。実証的で合理的な態度である。

朱子学の信念1の「四書・五経は、聖人の真理の言葉である」を、とりあえずカッコに入れることができた。朱子学の効力停止である。

＊

では、その先どこに行くか。いろんな可能性があった。仁斎は迷い、悩んだ。

そして落ち着いた先は、孔子・孟子。その言葉を記す、『論語』『孟子』である。この二人は、聖人だから偉い、ではない。人間として考え、人生の真理を探り当てたから偉いのだ。その真理は、人類に共通だ。日本を生きるわれわれにも当てはまる。朱子学の信念（ドグマ）が効力を失っても、孔子・孟子の探り当てた真実は残る。儒学の古典は、そのように読まなければならない。朱子学の読み方を離れ、古典を古典のまま読もう。これが「古義」である。

仁斎は、塾の入り口に、「古義」と書いた額を掲げた。

『論語』は宇宙第一

仁斎にとって孔子・孟子は、キリスト教のイエス・キリストにも当たる。教えの根源である。

朱子学がまるきり間違っているわけではない。正しい部分もいろいろある。ただ、朱子の言うことを丸のみにしてはいけない。朱子学の信念に呪縛されてはいけない。儒学のテキストの、上級編の読み方が大切だ。

＊

仁斎は『論語』を、高く評価した。「最上至極宇宙第一書」とまで言った。

その論語を、どう読むのか。

まず、ざっとひと通り、全体を読む。わからない語句があれば、ふつうの注釈書を参考にしてよい。

つぎに、そのテクスト（漢字の列）を眺めて、ぐるぐると何回も読み通していく。ぐるぐる、ぐるぐる。すると、樹の周りをぐるぐる回るトラが溶けてバターになるように、テクストが溶けだして、なにか別のものになる。これが「意思語脈」だ。「意思語脈」が意味の本体である。それぞれの語句は、それにぶら下がることで、めいめいの意味を保っている。それを下敷きにすると、文章の意味がぴったり明らかになる。

これが、仁斎の提案する読解の方法だ。

＊

テクストの意味は、テクストによって語らせよ。朱子の注釈の権威は、蒸発してしまった。朱子学の脱構築の完成だ。

仁斎の著作

こういう読解の方法をまとめてあるのが、『童子問《どうじもん》』。仁斎の主著である。

読解の方法を整理してみよう。

（1）『論語』『孟子』の二書を「熟読精思」する。（後世の注は無視する）

（2）すると、孔子孟子の「意思語脈」（トラのバター）が見えてくる。

（3）そこで、「意味血脈」を知ることができる。

・「血脈」は、孔子孟子の学問の発想の根本のこと

・「意味」は、書物になにが書いてあるかという意味のこと

・「血脈」が先で、「意味」はあとからついてくる

（4）「意思語脈」に合わせて一字一字の字義を決め、あと余計なことはしない。

＊

仁斎の主な著作は、書かれた順番に、以下のものがある。

『論語古義《ろんごこぎ》』『孟子古義《もうしこぎ》』…三七歳のころ草稿に着手している

『私擬策問』…四三歳のころ、『大学』は孔子の作でないと論証

『語孟字義《ごもうじぎ》』…五七歳のころ、執筆

『童子問』…七七歳のとき、講義を始め、翌年に終わる

町人の儒学

朱子学のあり方と、伊藤仁斎の古義学のあり方は、対照的である。朱子学は、武士の社会秩序にぴったりである。いっぽう、伊藤仁斎の古義学は、町人の社会秩序にぴったりである。どういうことか。

＊

朱子学は、朱子の注釈の権威を正統化するところがキモである。テキストはこう読みなさい。そうやって、秩序が生まれる。中国で必要なのは、文人官僚を選抜する科挙の権威だった。聖人が偉く、聖人の経典を解釈する朱子が偉く、そのことをよくわかっている自分が偉い。だからみな、言うことを聞きなさい。こうやって中国の社会秩序を導き出すのが、朱子学だった。

日本で朱子学は、やや別なふうに機能した。江戸幕府は、日本を統治する武家政権である。その政権が、朱子学を正統と認める。人びとの考えが正統かどうか、幕府がチェックする。武士は朱子学を学びなさい。こうやって、幕府を頂点とする社会秩序

◆童子問

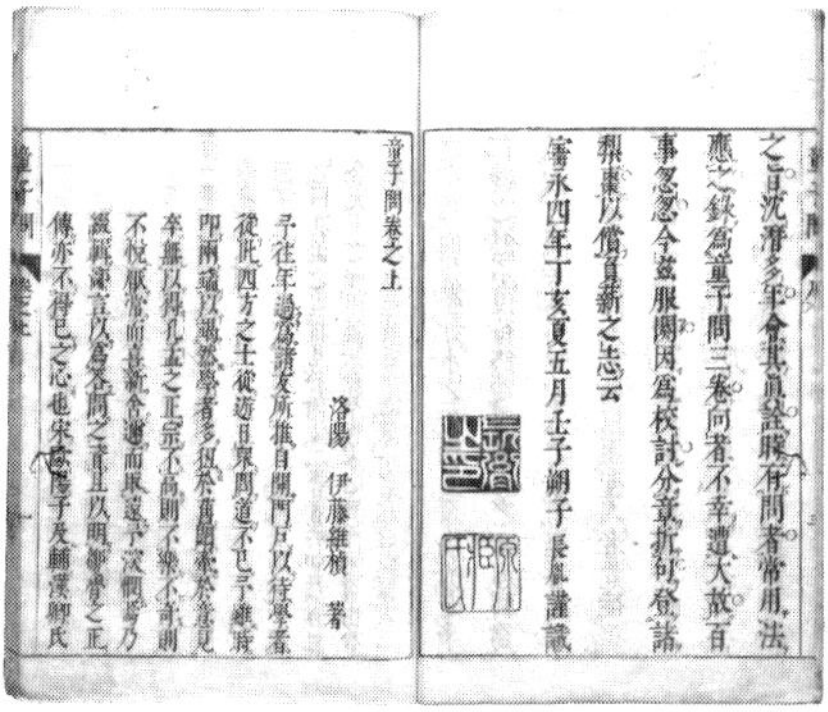

伊藤仁斎の没後、宝永４（1707）年より刊行された『童子問』。伊藤東涯らにより古義堂ではしばしば教科書として用いられた。国立公文書館蔵。

ができあがった。朱子学の権威は幕府の権威を裏付け、幕府の権威は朱子学の権威を裏付ける。垂直的な権威のピラミッドができあがる。とても武士的である。

＊

仁斎の古義学はどうか。

仁斎は、孔子と孟子の権威を認める。でも、それよりあとの時代の人びと（儒者たち）の権威を認めない。朱子の権威も認めない。みんな、いまの時代の人間と同じ、ただの人間だから。

研究会では、誰もが対等だ。遠慮なく議論するが、優劣はつけない。誰が正しいかは決めなくてよい。それはめいめいが決めればよい。学者や知識人のあいだに、誰が正しいかという権威はいらない。テキストを読んで、自由に討論すればよい。

注釈とは、こう読みなさい、と誰かが誰かに教えること。余計なお節介だ。朱子の注釈だろうと、無視すればよい。

＊

伊藤仁斎の古義学は、町人の生きる態度にぴったり合っていた。町人は、市場で生きる。そこには中心も、権威ない。よい商品はよい。誰もが対等だ。そういう生き方をする人びとが、朱子学ではなく、仁斎の古義学がよいと思ったのは当然だ。

セレブ市民と交流する

仁斎は、講義や研究会で忙しいなか、京都の社交界の人びととともまめに交流した。有名な知識人だったので、あちこちからお声がかかった。仁斎は人当たりがよかったので、人気があった。仁斎もそういう交流を楽しんだ。その昔、引きこもり気味の根暗な青年だったのとはえらい違いだ。

つきあっていたのは、妻の実家のネットワークだった。医者や公家。芸術家や文人たち。商店主や地元の名士。大名貸しで大儲けの金融業者。仁斎と似合わないようだが、仁斎は気にしない。相手は相手、自分は自分。誰とつきあおうが、自分を見失わなければいいのだ。

＊

仁斎は、有名になると、あちこちの大名から仕官の口がかかった。祿高一〇〇〇石で△△藩に来ませんか。全部断った。老親の面倒をみるんです。嘘ではないが、京都を離れたくなかったのだろう。

家族と晩年

妻の嘉那が亡くなった。三三歳。一男（東涯）二女の母だった。仁斎は数年後に、瀬崎豈哲の娘・総と再婚した。四男一女をもうけた。

子どもたちはみな、長じて儒学者となった。源蔵（東涯）、重蔵、正蔵、平蔵、才蔵の五人で、「伊藤の五蔵」といわれた。

子どもが多くて生活が大変だから、東涯を仕官させては、と勧めるひともいた。仁斎はとりあわず、東涯を身近に置いていた。

＊

七九歳のとき、風邪をこじらせて床についた。一カ月療養して、亡くなった。墓は京都の二尊院にある。

家庭や子どもにも恵まれ、生きたいように生きた、幸福な一生だった。

8

荻生徂徠《おぎゅうそらい》

田舎出の遅れてきた青年が、
独自のポスト朱子学を立ち上げる

荻生徂徠は、遅れてきた青年だ。

学問を始めるのが遅かった。田舎で育ったので、江戸の町ではどこか浮いていた。それに貧乏で、先の見えないその日暮らしだった。

そんなどん底状態から、どうやって学問の世界で這い上がったのだろう。

田舎で育って

荻生徂徠は、寛文六（一六六六）年に江戸二番町に生まれた。名は双松《なべまつ》、通称惣右衛門、字は茂卿《もけい》。父・方庵は館林藩主・徳川綱吉に仕える医師だった。子どものころから頭がよく、先生について儒学を学んだ。

＊

ところが、順調な人生が一転。父が綱吉の怒りに触れ、江戸を追われて蟄居を命じられてしまう。家族は、上総国本納村（千葉県茂原市）に引っ越すことになった。母の郷里である。徂徠は一四歳。とんでもない田舎に来てしまった。

江戸に戻れたのは、それから一三年後だ。

あたりは田んぼや畑だけ。遊び相手は、農民や木こりや漁師の子どもばかりだ。何か読もうにも、本がない。誰かから借りて読むとか、寺でお経を読むとか、どこかで漢籍を読むとか、あるだけの本を読み漁った。

時間があるから、好きなように勉強できた。でも、同年代の都会の若者から、大きく遅れをとってしまった。後年、田舎にいたのがよかったと徂徠は言う。庶民の実際に触れた、という意味だろう。負け惜しみではなさそうだ。

貧乏な塾教師

江戸に出た徂徠は、芝増上寺の近くに、塾を開いた。儒学を教える学習塾だ。

そう簡単に生徒は集まらない。貧乏で腹が空いた。見かねた近所の豆腐屋が、オカラをただでくれた。オカラばっかり食べていたという。(この話は落語にもなっている。あとで徂徠が豆腐屋に、出世払いのお礼をしましたとさ。)

＊

江戸は塾が多く、競争が激しい。何か特色がなければならない。

そこで「唐話」を売り物にすることにした。中国語で漢文を読みます、である。無点の漢文を黙読した伊藤仁斎のやり方に通じるところがある。

江戸では、中国語の発音を習える場所があった。黄檗《おうばく》宗の中国人僧侶に習ったらしい。もともと中国にあこがれがあり、中国語に興味があったのだ。

それに、徂徠は田舎育ちで、訛りがひどかったのかも。江戸の気取った発音はできない。漢文を中国語で読んでしまえば、訛りは目立たない。かえって中国語だと尊敬されるかもしれない。

塾が軌道に乗るまで、何年もかかった。徂徠はめげずに、学問を続けた。

＊

当時、中国から、各種の無点本が輸入されていた。「唐話」で漢文を読むと、それらの書物が読める。特技である。徂徠はそれが自慢だ。

朱子学はズレている

日本の朱子学は、林羅山が決めた学習法が基本だ。漢文に訓点をつけ、読み下し文にする。そして丸暗記する。意味は、朱子の注釈をもとに、これも丸暗記する。

徂徠の「唐話」のやり方は、これとだいぶ違う。漢文を外国語として、音読するからだ。林羅山の学習法を外れている。

それでも徂徠は、初めは朱子学の立場に立っていた。

＊

さて朱子学は、矛盾を孕《はら》んでいる。どんな矛盾か。

朱子学は、「古代の漢文を、宋代の考えで読む」である。漢文の元の意味からズレている。そして、ズレていないと強弁する。それが朱子の注釈だ。朱子の注釈を絶対化するのが、朱子学だ。

どこかズレるのか。

孔子・孟子は、古代（春秋戦国時代）の人びとの生き方を提案している。当時の社会の文脈に照らすと、言っていることの意味がわかる。

朱子学は、古典を勉強して、科挙に合格し、皇帝の官僚になりましょう、である。科挙は試験だから、正解がある。朱子の注釈が正解、ということになっている。官僚になりたがるのは、俗物が大半だ。政権に喰いこみ、権力を手にがっぽり稼ぎたい。いまの中国共産党と、まあ似ている。

つまり朱子学は、いくらよさそうなことを言っていても、孔子・孟子の初心とズレている。伊藤仁斎は、孔子・孟子の原文にこだわったので、それに気がついた。徂徠も無点の書物を「唐話」で読むので、やはりそれに気がついた。

仁斎に無視された

なんだ、同じことを考えているじゃないか。徂徠は仁斎に共感した。そこで手紙を書いた。あなたのファンです、入門したいです。ところが、ちっとも返事が来ない。無視された、と徂徠は怒ってしまった。

父親が蟄居を命じられて、家族は田舎で苦労した。江戸でも認められず、貧乏で、徂徠は誇りを傷つけられた。でも自分には才能があると思っている。認められて当然だ、仁斎ならわかるはずだ、と思っている。それなのに返事がない。仁斎を尊敬すればこそ、根にもってしまう。

＊

仁斎は、当代一流の儒学者だ。塾は大繁盛で、入門希望はひきも切らない。京都のセレブとも交流している。多忙である。江戸の無名の青年から手紙が来て、返事をしなかったのも無理はない。

でも、これがよかったのかも。仁斎を見返してやろうと、徂徠は敵愾心《てきがいしん》を燃やし、ひと回り大きな学問をうち立てようと心に決めたからだ。

古義学と古文辞学

徂徠の学問を、古文辞学《こぶんじがく》という。

仁斎の古義学も、徂徠の古文辞学も、朱子学に反対して、儒学の古典の本来に立ち帰ろうと主張する。まとめて、古学といってもいいかもしれない。

でも、方法が異なっている。整理してみよう。

＊

仁斎の古義学。読解のカギは、孔子・孟子が「ほんとうに言いたかったこと」である。テキストを頭のなかでぐるぐるして、それを掴む。すると、するすると文章の意味がわかっていく。

これは、キリスト教の福音派のやり方と似ている。聖書は神の言葉。その意味をどうやって掴むか。カギは、イエス、パウロである。彼らが「ほんとうに言いたかったこと」を、信仰によって掴む。すると、するすると文章の意味がわかっていく。

仁斎は言うならば、儒学福音派だ。

＊

対する徂徠の古文辞学は、もっと客観的な方法だ。目の前にあるのは、意味の不明な古代の漢字の集合である。漢字一字一字が未知数の、連立方程式。一つひとつの文が、方程式なのだ。文字（漢字）の数は多いが、文（方程式）の数はもっと多い。だから、解ける可能性がある。多くの用例を組み合わせて、意味を解いていく。

これは、聖書学の方法と似ている。聖書学は、テキストに関する科学なので、信仰は脇に置いておく。孔子・孟子が「ほんとうに言いたかったこと」は使わない。科学的で合理的に、テキストを操作する。

そこで、出発点となるテキストは、『論語』と『孟子』ではなくて、五経である。『論語』や『孟子』は、五経が読み解ければ、ついでに解けてしまう。

＊

そこで、徂徠は言う。儒学の古典を、意味のわからない外国語と考えなさい。単に漢文を「唐話」によって読むだけではない。自分の学問を、明確な研究法に組み直したのだ。

8
荻生徂徠

◆論語徴

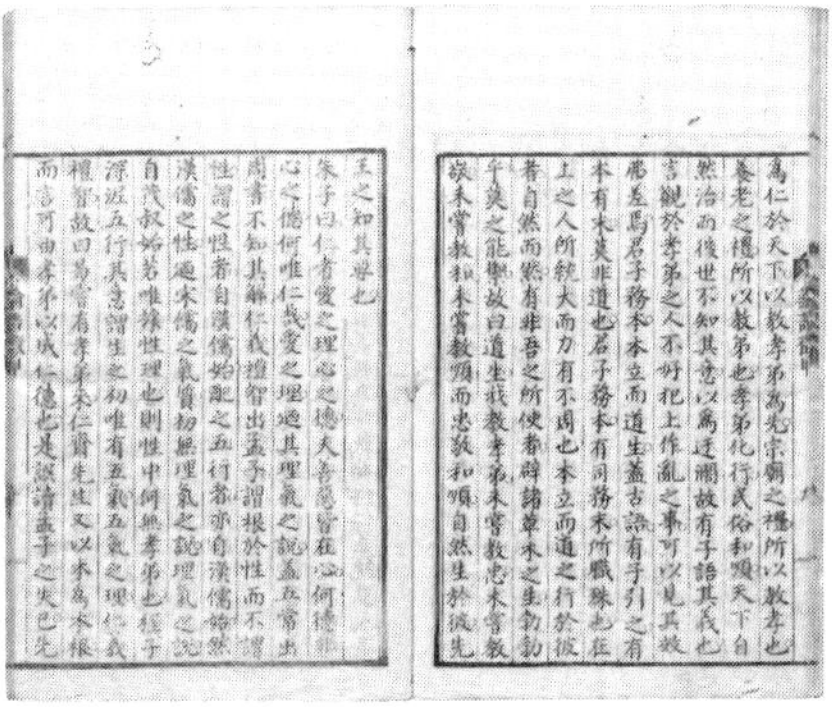

『論語徴』の刊本。旧蔵者は昌平坂学問所。国立公文書館蔵。

『論語徴』

徂徠は『論語徴《ろんごちょう》』を書いた。これは、仁斎に対する勝利宣言だ。

『論語徴』は、『論語』を注釈する書物である。読んでみると、伊藤仁斎の名前がしょっちゅう出てくる。これもよくない、あれも間違い。徂徠の引き立て役だ。仁斎の『論語』の読み方はまるでダメで、徂徠が立派と言いたいのだ。

でも待って。仁斎以外の学者はあまり出てこない。それは、仁斎を気にしている、つまり、仁斎を評価しているということでは。ライバルとして。

*

徂徠が仁斎から学んだことはいろいろあ

る。

朱子学から距離をとること。朱子の注釈は信用できないこと。古代の古典は、古代の読み方で読まなければならないこと。

徂徠は、仁斎の仕事を踏み台にして、その先に進もうとした。朱子学を批判する実証の方法を、なお徹底させた。学者の主観を挟まず、テキストにテキストを語らせるのだ。

柳沢吉保に仕える

徂徠の塾は、生徒が大勢集まるようになった。有力者の門人も増えた。

徂徠は大柄で、田舎なまりで、愛嬌があって、人気があった。

徂徠は四〇歳のころ、柳沢吉保に召し抱えられ、家臣となった。柳沢吉保は、第五代将軍綱吉の側用人から、政権の中心にのし上がった実力者である。

柳沢吉保は、徂徠をいろんな会合に引っ張りだした。これが有名な荻生徂徠です。酒の席なので、たいていのことは我慢しなければならない。

将軍綱吉は「唐話」に興味を示した。「唐話」の実演もやらされた。やりたくないのに、とぶつぶつ心につぶやいた。

＊

折から、赤穂浪士の討ち入りがあった。世論は赤穂浪士に同情的で、「義士」だという声が高まった。徂徠は、義士ではない、という意見をのべた。全員切腹、の沙汰が下される背景になった。

主な著書

徂徠の主な著書は、以下のものがある。

『論語徴』…『論語』の注釈。伊藤仁斎を批判している。
『弁道《べんどう》』…古代の聖人が作為したのが道である。
『弁名《べんめい》』…概念は実態から乖離《かいり》する。それを正すには古代の言語を学べ。
『学則《がくそく》』…学問の原則をのべた書。言語の本質、聖人、天命なども論じる。
『太平策』…学問の原則から始まって、平和な時代の考察と批判を行なう。
『政談《せいだん》』…将軍吉宗の下問に答えて献上した、政策提言集。

これらのなかには生前、写本としてだけ流通していたものもあった。弟子たちが死後、刊行した。

復古政策

『太平策』と『政談』は、公開されなかった。門弟たちも読んだことがなかった。内容が明らかになったのはわりに最近のことである。

そこには、徂徠の危機意識が色濃く現れている。

農民は困窮し、貨幣経済が広まった。大名は年貢米を換金しなければやって行けない。江戸城の金準備は取り崩されている。いけないのは、貨幣経済だ。

徂徠の提案は、極端である。非現実的で、危険である。こんな具合だ。

・城下にいる商人を、農村に帰還させる。
・武士はみな知行地（名目上の所有地）に居住させる。
・武家冠位制は廃止する。
・大名の参勤交代はやめ、地方に定着させる。
・老中の月番制をやめる。
・下級武士から人材を登用する。

・大名の石高は三〇万石以下に制限する。
・大名の借財は、徳政で、返済しなくてよいことにする。

消費を抑え、物価が上昇しないようにする。古代に帰れ、ということだ。

徂徠は本気である。古文辞学を生み出した徂徠は、その延長上で、政治－経済についても提言する。徂徠のなかでは、両者はひとつに結びついている。

蘐園派

将軍綱吉が亡くなって、柳川吉保も引退した。徂徠は日本橋の茅場町に居を構え、「蘐園《けんえん》」と名をつけた。これにちなんで、徂徠と門人たちの学派を、蘐園派という。

門弟のなかで年長で一目置かれていたのは、太宰春台《だざいしゅんだい》だった。厳格な態度で学問をし、異論があればはっきりのべた。少し融通のきかないところがあった。生涯、浪人のままだった。ほかに、服部南郭《はっとりなんかく》も有力な門弟だった。

門弟には文学の造詣が深い詩文派の人びとが多く、酒を飲んでは遊び回っている、という評判が立った。

晩年

『論語徴』などの出版が評判となり、儒者として名声をえた徂徠。落ち目の林家《りんけ》に代わって、幕府の中枢に関わることにもなった。晩年は恵まれた人生だった。その仕事は、後代の多くの学者に影響を与えている。

徂徠はだんだん体調がすぐれなくなった。将軍吉宗に一度だけお目見えしたが、これも体にこたえた。将軍からは、御家人に召し加えると連絡があったが、そんな矢先に亡くなってしまう。享保一三（一七二八）年一月のことである。

＊

徂徠はなにかにつけて話題となる。アンチも多い。こんな大人物が死ぬ日には紫雲が出るはずだが、出なかったじゃないかとか、雪が降って銀世界にならなかったじゃないかとか、いろいろ噂された。

徂徠は評判が悪い

尊皇の志士たちが明治維新をなし遂げた。彼らは、江戸の思想家を尊敬していた。でも荻生徂徠は、彼らに嫌われていた。徂徠が中国びいきで、皇室に対する敬意が足りない、が理由である。

戦前の皇国思想の時代にも、取り上げられるのは徳川光圀や、賀茂真淵や本居宣長や、山崎闇斎だった。徂徠はやはりパスされた。

＊

丸山眞男の『日本政治思想史研究』が、江戸思想の重要な思想家として、荻生徂徠に注目したのは、だから画期的だった。かつての皇国思想に反対したかったのだ。

客観的にみて、丸山の議論は無理がある。尊皇思想は、日本のナショナリズムの本流だ。傍流の荻生徂徠を、本流と言いくるめることはできない。ただ、無視するのも正しくない。荻生徂徠がどのように、尊皇思想を間接的に支えたのか、よく見極めるのがよい。

この点を、私は、『丸山眞男の憂鬱』『小林秀雄の悲哀』『皇国日本とアメリカ大権』で論じておいた。興味のある読者は、手に取ってほしい。

9

富永仲基《とみながなかもと》

病弱な醤油屋のオタク青年が
二十代で解明した仏教の秘密

富永仲基《とみながなかもと》（一七一五—一七四六）は、元祖オタク青年だ。

商家の生まれで、体が弱くて、家の仕事はしなくていいと親に言われた。何でも好きなように生きればいいよ。だから彼は、自分の才能を学問と芸術にぶつけた。短い人生だったが、時代を超えた輝きを放っている。

大坂の醤油屋に生まれる

富永仲基は正徳五（一七一五）年に、大坂で生まれた。

父は富永芳春。母は左幾。道明寺屋という醤油醸造業を営む、けっこうリッチな家だった。三男で、弟が二人いた。定堅と東華という。

長男は信美。先妻の子で跡取りだ。次男は早世した。仲基は、後妻の長男という立場だった。

＊

父の富永芳春（道明寺屋吉左右衛門）は学問のある人物で、懐徳堂《かいとくどう》の創設者の一人である。

懐徳堂は大坂の町人が始めた民間の学塾で、多くの人物を輩出した。山片蟠桃《やまがたばんとう》（升屋の番頭をしていた）もその一人である。設立は享保九（一七二四）年。大坂の豪商五人（三星屋、道明寺屋、舟橋屋、備前屋、鴻池）が出資して、大坂の船場に設立。三宅石庵《みやけせきあん》を学主に迎えた。そのあと幕府が敷地を与えたので、官許の学問所となった。でも運営は町人が行なった。明治になって廃校となった。

懐徳堂で学ぶ

仲基は弟の定堅とともに、出来たばかりの懐徳堂で学んだ。手習いや、儒学の手ほどきを受けたろう。

そのあと母と一緒に、家を出たらしい。異母兄との不和が原因かもしれない。近所の子どもを教えたり、田中桐江《たなかとうこう》について詩文を学んだりしたようだ。田中桐江は、荻生徂徠の門人である。

著作のかずかず

仲基は、町人の学者で、しかも三〇歳そこそこで亡くなったので、詳しい伝記がわからない。

弟の東華がのこした『東華秘笈』によると、著作は一〇篇あまりあったようだ。このうち、今読めるのは、つぎの三篇である。

・『出定後語《しゅつじょうごご》』(「しゅつじょうこうご」とも)…仏教の経典群の成立を分析したもの。生前に出版された。

・『翁《おきな》の文《ふみ》』…神道・儒学・仏教を批判し、誠の道を説く。生前に出版された。

・『楽律考《がくりつこう》』…中国から日本に伝わった楽律を研究。徂徠『楽律考』を批判。

『翁の文』は、大正時代に古書店で発見され、読めるようになった。『楽律考』は原稿が近年発見され、読めるようになった。

残りは失われてしまって、いま読むことができない。

＊

このうち、仲基の名を不朽のものとしているのは、『出定後語』である。この業績について、詳しくみよう。

禅寺で経典を整理する

『出定後語』の序に、本書の内容を思いついて一〇年ほどになる、と書いてある。

二〇歳のころに、本書の骨格が出来ていたことになる。

では仲基はいつ、それだけの仏典の知識をえたのであろうか。

＊

仲基は、黄檗宗（禅宗の一派）の寺で、大蔵経《だいぞうきょう》の校合のアルバイトをした、という話がある。校合とは、複数の写本を突き合わせて、正しいテキストを確定する作業のこと。当然、経典に詳しくなる。そうだったのかもしれない。

それにしても、仲基はほんとうに、大蔵経（仏教経典の一切）を通読したのか。研究によると、そうではなく、仏典を解説する中国の書籍にもとづいて議論しているとわかっている。孫引きだ。それなら、少しは読む量が少なくてすむが、それにしても大変な分量には違いない。

『出定後語』はどこが画期的か

仏教について少しは知識がないと、この仕事がどれだけすごいかわからない。

簡単に言うと仲基は、「経典の大部分は釈尊（ゴータマ・ブッダ）本人がのべたのではない」と証明したのだ。とくに、大乗経典。これを「大乗非仏説」という。

◆出定後語

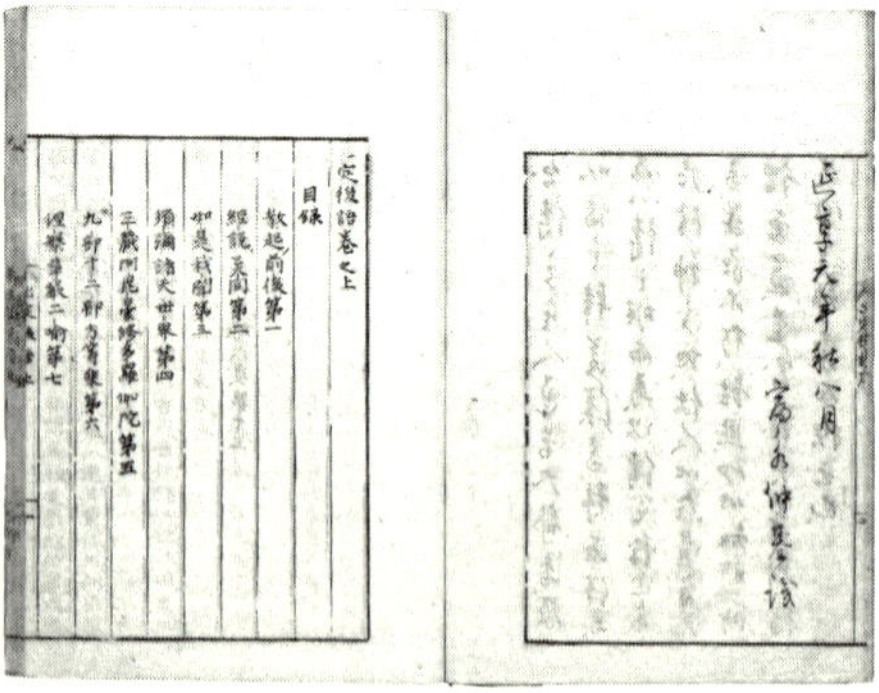
出定後語巻之上
目録
教起前後第一
経説異同第二
如是我聞第三
須弥諸天世界第四
三蔵阿毘曇修多羅伽陀第五
九部十二部方等乗第六
涅槃華厳二喩第七

「延享元年秋八月　富永仲基識」の序文が記された『出定後語』の刊本。延享２（1745）年刊。国立公文書館蔵。

今日ではこれは、仏教学界の定説である。でも江戸時代は、そうでなかった。どの経典も、みな釈尊がのべた言葉であると信じられていた。

＊

これはたとえて言えば、「新約聖書の福音書は、イエス・キリストがのべた言葉ではない」と主張するようなもの。大変なことだ。キリスト教の根底が吹き飛んでしまう。これだけの大胆な主張を、仲基は関連の文献を読むだけで、たったひとりで考えてしまったところが驚異的だ。

近代的な意識

この点をもう一歩、踏み込んでみよう。

そもそもなぜ仲基（だけ）が、「経典は、釈尊（ゴータマ）本人が説いたのではないかもしれない」と考えたのだろうか。

それは、仲基が、近代的な意識をはっきり持っていたからである。

＊

これは、西欧のキリスト教の場合と同様だ。

宗教改革のあと、プロテスタントの人びとは、近代的な意識をはっきり持つようになった。イエスは神の子ではなく、自分たちと同じ人間ではないか、という意識だ。この感覚は、聖書学が発達して、聖書のテキストが人びとの手で編集された過程が明らかになることと並行して進む。「イエスは神の子だ」というテキストを編集したのは、人間だ。ではイエスは、実際には何を考え、何を言ったのか。こういう興味・関心が生まれる。これを「歴史的イエス」という。

カトリックのような宗教的権威が相対化され、人間がものを自由に考えられるようになると、「イエスも、自分たちと同じ人間だ」という意識が出てくる。

＊

仲基の場合も同様だ。

「釈尊も、自分たちと同じ人間だ」。同じ人間なら、あれほどたくさんの経典を一人でのべたはずがない。別に大勢の人びとが関わったはずである。これが「大乗非仏説」である。

この世界には、同じ人間しかいない。釈尊も自分も、ほかのみんなも——とても近代的で、合理的な意識だ。このように見ていくと、いままでの仏教がまるで違ったものに見えてくる。

「大乗非仏説」を論証する

目標は定まった。あとは、論証していけばよい。

釈尊がある経典をのべ、そのあとほかの誰かが、別の経典をのべる。またほかの誰かが、別の経典をのべる。経典には、出来あがった順番があることになる。

前の経典は、後の経典を知らない。引用もできない。後の経典は、前の経典を引用できる。違いを際立たせるため、新しい内容をつけ加える。仲基のいう「加上」である。経典のなかみを詳しく見ていくと、こうした順番をつきとめることができる。

＊

そのほか、どんな方法が論証に使えるか

・経典に特有の語がある／ない、ことに注目する。これを「家言」という。

例…般若経に「仏性」は出てこない。阿含経に「陀羅尼」は出てこない。華厳経の「法界」、金光明経の「法性」、涅槃経の「仏性」、法華経の「諸法実相」は、その経典独特の思想をあらわす。

・経典によって、ものごとの数が増えたりする。

例…華厳経の十仏、仏名経《ぶつみょうきょう》の二五仏、決定毘尼経《びにきょう》の三五仏、など。また初期は六識、瑜伽論《ゆがろん》は七識、成唯識論《じょうゆいしきろん》は八識、釈摩訶衍論《しゃくまかえんろん》は十識。

仲基が採っている方法は、テキスト分析の正攻法だ。聖書学の方法に比べても遜色がない。

『出定後語』のインパクト

『出定後語』が出版されたのは、仲基の死の直前である。仲基自身は、この書物の反響を目にすることはなかったかもしれない。

仏教界は、反撥《はんぱつ》した。放光『弁後論』、無相文雄《もんのう》『非出定《ひしゅつじょう》』、慧海潮音《えかいちょうおん》『摑裂邪網《かくれつじゃもう》編《へん》』などの批判書が出た。とは言え総じて仏教界は、「大乗非仏説」論を無視することにし、ダンマリを決め込んだ。

儒者や国学者からは、好意的な反響をよんだ。本居宣長は『玉勝間《たまかつま》』で、『出定後語』に言及し、高く評価している。平田篤胤はそれを読んで、苦労して『出定後語』を手に入れ、自分でも仏教批判の『出定笑語《しゅつじょうしょうご》』を著している。

『翁の文』

同じく仲基の死の直前、『翁の文』も出版された。

これは、仏教、儒学、神道について論じる論考。坐摩《いかすり》神社の近くに住む渡辺の翁の話を、富永某が聞いてまとめた本、ということになっている。坐摩は、大坂郊外の地名である。

＊

この書物は、中江藤樹の『翁問答』にヒントをえたものだろう。『翁問答』は、仏教でも、儒学でも神道でもない、この世界の究極の原理について考察している。翁によれば、それは「太虚皇上帝」で、天地万物を生み出す根源である。

仲基も、仏教でも儒学でも神道でもない、この世界の究極の原理について考えたいと思った。それは「誠の道」だとしている。

ではなぜ、それを自分の言葉で語らないで、翁の言葉の聞き書きというかたちをとったのだろうか。「誠の道」というアイデアを自分でのべることに、万全の確信をもっていなかったからかもしれない。

それでも仲基には、従来の教えでは、この世界を説明し尽くすことはできない、という直観がある。その先を、自分で考えなければならない。合理的な町民社会が生み出した、市民の自意識である。

『楽律考』

『楽律考』は草稿のままで、世に知られることとかなかった。だがその内容は、仲基のあふれる才能を示してあまりある。

＊

仲基は音楽が好きで、弟の定堅とふたりで雅楽の演奏を楽しんでいた。自分は、生まれつきミュージシャンだと言ってもいる。伎楽の面を見に、わざわざ奈良の寺まで出かけたりしてもいる。

雅楽の演奏者である仲基が、荻生徂徠の『楽律考』を読んだ。徂徠の『楽律考』は、日本の雅楽は、中国の古来の楽律をそのまま伝えるものだとする。仲基は、そうではなく日本の雅楽は、唐の時代の俗謡だとする。それを音律にもとづいて実証する。文献を解読し、音階の決め方について合理的な考察を加える。ヴェーバーの『音楽社会学』を彷彿《ほうふつ》とさせる、合理主義精神の発露だ。そして、学界の権威である徂徠をものともしない。勇気ある筆が光る。

町人であることの誇り

大坂の町人たちが自主的につくった学問のセンター、懐徳堂。そこで学び、誰にも頼らず自分の知性と学問だけを信じて、独創的な業績をあげた富永仲基。彼らのパワーから、武士に頼らずこの社会を支えている町人の誇りと意気込みを感じる。

仲基の著作は、わずか三編が伝わっているだけ。残りは失われた。また仲基は、わずか三一歳の命を閉じた。惜しい、と言うしかない。

＊

9

富永仲基

仲基は、体が丈夫でなかった。

晩年には、残された時間が少ないと悟って、著述の刊行を急いだのだろう。

結婚して娘の栄を授かった。だが、三歳で亡くなってしまった。どれだけ悲しかったことか。その心労も祟《たた》って、数カ月後に亡くなってしまった。

疾風のように駆け抜けた人生だ。作品のどの行間からも、考えることの誇りと、権威を恐れない勇気とが伝わってくる。その才能は、いまも永遠の光を放っている。

10

賀茂真淵《かものまぶち》

若妻に死なれ家庭に恵まれなくても
和歌と学問の道を貫いた国学者

賀茂真淵《かものまぶち》は、国学のビッグネーム。万葉集の研究で有名だ。

戦前の修身の教科書には、真淵が本居宣長に、古事記の研究はお前に頼んだぞ、とあとを託す「松坂の一夜」のエピソードが載っていた。だから誰でも知っていた。

でも戦後、忘れられた真淵。どんな人物だったのか、しっかり見届けよう。

農民なのか武士なのか

真淵は元禄一〇（一六九七）年、遠江国の伊場村（現浜松市東伊場一丁目）に生まれた。幼名は三四《そうし》。父は岡部政信である。

岡部氏は、京都の賀茂神社の賀茂氏の末流で、伊場のあたりに本家をはじめ四家があった。真淵の祖父・政家は、在郷のまま浜松の松平家に仕えていた武士だったという。でもそのあと、本家といくつもの分家に分かれ、農民として暮らしていた。

分家の政信は、妻も子も亡くしたので、長女に本家から婿・政盛を迎えた。政信自身は再婚して、三男の真淵が生まれた。そこで、妻と真淵を連れて家を出ることにした。真淵の母は和歌を詠むひとで、信心深かった。父の政信は年老いたので、真淵はそのあと、親戚のあいだを転々とすることになった。

*

真淵は、地元の諏訪神社の神官の、杉浦国頭《くにあきら》のもとに通い、その妻・真崎に手習いを受けたという。

荷田春満と会う

荷田春満《かだのあづままろ》(一六六九—一七三六)は、伏見稲荷の神主の家の生まれ。契沖の『万葉代匠記』などを学んだ。一七〇〇年、三〇歳のころ江戸に出て武士たちに和歌や神道を教え、有名になった。将軍吉宗に頼まれて有職故実《ゆうそくこじつ》の調査もした。晩年は徐々に健康を害し、六八歳で歿している。

春満は、将軍の指示で日本の各地を旅し、古書を鑑定したり、そのついでに歌を教えたりした。

杉浦国頭は春満の弟子で、和歌の月次会《つきなみ》を開いていた。月に一度の定例会である。僧侶や商店主(オーナー社長)らが集まった。真淵も二四歳のとき(一七二〇年)、初めて出席している。

春満は、浜松を通るときには、国頭のところによく立ち寄った。あるとき浜松に二カ月ほど滞在し、人びとの歌を添削したりして過ごした。真淵ともこのとき会っていると思われる。真淵二六歳である。

古学を学ぶ

当時浜松に、渡辺蒙庵という医師がおり、古学を唱えていた。太宰春台の流れのようである。真淵も、つてがあって、蒙庵に儒学を学ぶことになった。蒙庵は漢詩をつくり、『維陽詩草《いようしそう》』という詩集や、『論語紀聞《ろんごきぶん》』という書物を著しているから、かなりの学力であったことがわかる。

＊

儒学を学ぶには、漢文が読めなければならず、かなりのトレーニングが必要だ。武士は、職務上必要だから、子どものころから何年もかけて学習する。町人や農民でも余裕と意欲のある人びとは、儒学を身につけた。

国学は、それに比べると、ハードルが低い。歌も文学も日本語で、誰でも学びやすい。歌を読むだけなら、歌集をそらんじて、独学自習もできる。国学の担い手は、庶民にも多かった。真淵の母がそうだったように、女性にもすそ野が拡がっていた。

二度の結婚

真淵は二七歳で、結婚した。妻は、岡部政長の娘で一六歳。婿となって政長の家に入った。二人は好きあっていた同士で、一生でいちばん幸せな時期だった。

ところが妻は翌年に、一七歳の若さで亡くなってしまう。後年、真淵は、こんな歌を詠んでいる。

故郷《ふるさと》の野べ見にくればむかしわが
妹《いも》とすみれの花咲にけり

切々たる思いが伝わってくる。

真淵は、離縁になって婚家から戻った。

＊

そのあと真淵は、別の家に婿養子に入り、子どももうけた。が、自分からその家を出てしまい、離縁になっている。先妻への思いをひきずっている。

子どものころから真淵はずっと、落ち着ける家庭がなく心に隙間を抱えていた。のちに真淵は、先妻の弟の娘・お島を自分の養女にし、婿養子を迎えている。

脇本陣の養子になる

浜松は当時、宿場町として繁盛していた。

真淵は、世話するひとがあり、両親の後押しもあって、浜松宿の脇本陣、梅谷方良の養子になった。「志あれども貧しくして修学なし難し」（貧乏で学問が続けられない）が理由だったという。真淵は二九歳。本当のところ、あまり乗り気でなかったようだ。

本陣は、参勤交代の大名などが泊まる宿場の旅館のこと。脇本陣はそれに次ぐ。本陣が満員の場合は大名が泊まることもある。公的施設である。だから梅谷家はそれなりの由緒ある家だった。でも、町人には違いない。真淵は、武家の端くれの家だったはずが、町人になってしまった。

町人だから、毎日ぺこぺこ武士に頭を下げなければならない。でもとにかく、生活が安定した。安心して学問に取り組めるようになった。

真淵の妻はおやう（または、いそ）といった。真淵三一歳で長男・真滋《ましげ》が、四二歳で次男・模作《もさく》が生まれた。真滋はのちに梅谷家を継いで、市左衛門と名のった。

真淵の学問

真淵が門人となった蒙庵は、詩や歴史について著書があり、老荘も論じている。徂徠の学問のうち、詩文に関する系統を受け継いでいる。門人には武士が多かった。

いっぽう杉浦国頭が催す歌会には、浜松の神主や商人たちが多く集まっていた。神社は、仏教に比べて、社会的な立場が弱かった。根拠になる書物もない。そこで、国学によって、勢力を挽回しようとしていた。

真淵は、この両方のグループと交流があった。

＊

真淵は三二歳で、京都に上り、荷田春満に入門した。春満は、学者というよりも事業家で、門弟を増やし社会的勢力を拡大することに熱心だった。もう老齢で、胸痛や中風に苦しんでいた。真淵は、脇本陣の仕事もあり、長い間浜松を離れるわけには行かなかった。それでも、学問への思いが強くなった。いきおい、養家との関係が微妙になる。結局、実父が亡くなったのをきっかけに、脇本陣は出てしまう。

＊

荷田春満が亡くなったのは、元文元（一七三六）年。真淵四〇歳のときだ。四一歳のころに、契沖の『万葉代匠記』を読んでいる。

江戸に出る

真淵は四一歳で、江戸に出た。春満の弟の信名のもとに身を寄せた。研究を続けながら、講義もした。百人一首の研究会に加わって、講義を担当したのが最初である。

そのあと真淵は、江戸の知り合いの神主の家を転々とした。四〇代になって、居候暮らしである。気苦労が多かったろう。

それから、村田春道の家に寄寓することになった。春道は日本橋の海産物問屋で、質や両替も営む豪商である。春道は、真淵の世話をし、真淵の教えを受けた。

＊

寛保二（一七四二）年のころ、加藤枝直の地所を借りて、ようやく自分の家を構えることができた。四六歳である。枝直とは、本を貸し借りし、議論しあう間柄。青木昆陽も加わって、『令義解』の研究会が始まった。また、真淵に入門する者もあい次いだ。

このころから、万葉集の研究も始まった。真淵は、町住みの国学者となった。

＊

一七四五年、真淵の母が亡くなった。江戸にいて、帰郷が遅れた。翌年、江戸の火事で真淵の家も焼けた。数カ月のちに、もっと立派な家を新築できた。

「和歌御用」となる

将軍吉宗の次男・宗武《むねたけ》は、春満の子・在満《ありまろ》に、歌について調べろ、と命じた。在満は田安家に仕えていた。在満は三日間で『国歌八論』を書きあげて、提出した。宗武はそれを見て、『国歌八論余言《こくかはちろんよげん》』を書いた。真淵は『国歌八論余言拾遺《こくかはちろんよげんしゅうい》』を書いた。

このやりとりは評判になった。

これを機会に在満は、自分の後任に、真淵を推薦した。真淵は、田安家の「和歌御用」に任じられた。真淵、五〇歳である。以後、隠居するまで、一五年間この職にあった。

＊

真淵は宗武の命により、『延喜式祝詞解《えんぎしきのりとかい》』五巻を著した。「大祓の詞」は藤原朝、「大殿祝《ほが》ひ」は奈良朝、「春日・平野の祭」は平安朝、などと考証した。

宗武は真淵と親しく付き合い、四〇歳の祝賀の席では裃を脱いで真淵に与えた。真淵は感激して、諸大名に面会する際に着用した。真淵は、手本を書いて、宗武の子どもたちの教育係もつとめた。

著書のかずかず

ほかに真淵が、宗武の命により著した書物は、『古器考《こきこう》』『伊勢物語古意《いせものがたりこい》』『万葉新《まんようしん》採百首解《さいひゃくしゅかい》』『源氏物語新釈《げんじものがたりしんしゃく》』『雑問答考《ざつもんどうこう》』がある。

そのほかにも、『文意《ぶんい》』『万葉解《まんようかい》』『古風小言《こふうしょうげん》』『三代集総説《さんだいしゅうそうせつ》』『冠辞考《かんじこう》』『古事記頭《こじきとう》書《しょ》』『龍の君へ問ひ答へ』『古冠考《こかんこう》』『直冠考』などの著書がある。

このうち万葉集に関係するのは、『万葉解』『冠辞考』である。真淵はとりわけ枕詞を、神話に結びつけて考えた契沖の見解を斥け、歌の形式の面から考察した。真淵の議論は、引証が充実していて、議論が体系的であり、のちに宣長に大きな影響を与えた。

隠居

老齢にさしかかった真淵は、実子の真滋を江戸に呼ぼうとした。真滋の事情が許さなかった。そこで真淵は、養女・島、養子・定雄を迎え、夫婦にして跡を継がせた。隠居した真淵に代わり、定雄が田安家に出仕することになった。

勤めを退いてからの真淵は、ときどき病気にはなったものの、門人の指導や文通に忙しく毎日を過ごし、学問に邁進《まいしん》した。おかげで、いくつもの著作をつぎつぎ完成することができた。

大和旅行

宝暦一三（一七六三）年、六七歳の真淵は、大和方面への旅に出た。半年にわたる旅行である。故郷の浜松に立ち寄りつつ、憧れの大和の地を踏み、伊勢神宮にも参拝するのが主たる目的である。

＊

この旅の帰路、松坂で、本居宣長と面会し、談論した。両名の、生涯で唯一の出会いの一夜である。宣長は翌年、書状を送って真淵に正式に入門した。

このあと、宣長と真淵は頻繁に文通して、研究の成果を分かち合った。

「県居大人」

その翌年、真淵は浜町に隠居所を新築して移り、「県居《あがたい》」といった。古風の凝った造りである。賀茂の神主を「県主《あがたぬし》」とよぶ習わしにのっとっている。真淵は「県居《あがたい》大人《のうし》」」とよばれるようになった。

＊

隠居後も、研究意欲は旺盛だった。この時期の、万葉集に関する著作には、『万葉《まんよう》集竹取翁歌解《しゅうたけとりのおきなうたかい》』『万葉考《まんようこう》』『柿本朝臣人麿歌集之歌考《かきのもとのあそんひとまろかしゅうのうたこう》』がある。『万葉考』は六〇歳のときから一二年かけて完成させたものである。

万葉集の研究は、ひとすじ縄でない。たとえば、巻一の柿本人麿の歌、

東野炎立所見而反見為者月西渡

は、真淵によれば、

ひむがしの野にかぎろひの立つ見えて顧みすれば月かたぶきぬ

と読むべきなのである。ほとんど創作の域である。

＊

真淵は、万葉集の成立時期について考察した。彼によれば、万葉集の原型は、

巻一・二・十三・十一・十二・十四

だけで、あとは順次付け加えられたとする。今日の見解とおおよそ一致する。

＊

そのほかの歌論には、『古今和歌集打聴《こきんわかしゅううちぎき》』『古今集序表考』『にひまなび』『宇比麻《うひま》奈備《なび》』『続万葉論《しょくまんようろん》』が、そのほかの著作に、『大和物語直解《やまとものがたりちょっかい》』『神楽歌考《かぐらうたこう》』『催馬楽《さいばら》

考《こう》』『神遊考《かみあそびこう》』『風俗歌考《ふぞくうたこう》』『祝詞考《のりとこう》』『仮名書《かながき》古事記』がある。

国学を大成する

国学は、儒学にくらべて、まだまだ弱体であった。真淵は、国学をますます盛んにするため、著述に取り組み、門弟を増やし、幕府にもしっかり喰い込むことをはかった。

＊

真淵が晩年にまとめた『五意』は、真淵学の集大成である。

『五意』とは、『文意』『歌意』『国意』『語意』『書意』の五冊。このうち『文意』と『語意』は、書きかけの未定稿である。これら五冊は、古い文献を素材に、国学をどのように構成するか、その研究法について体系的に論じている。

＊

国学は、上代の日本を理想化する傾向がある。その純粋なあり方を汚したのが、仏教であり、儒学であるとする。

国学と儒学はこうして緊張関係を生み、やがて対立に発展していく。その萌芽が、真淵の議論にみつかる。

たとえば、『国意』はいう。人殺しはよくない。でも戦国時代、人びとは殺し合った。殺さなかったのは庶民である。少し殺せば旗本、もっと殺せば大名、限りなく殺せば公方である、と。これは、幕府の秩序を破壊する発想ではなかろうか。

＊

徂徠の門弟・太宰春台は『弁道書《べんどうしょ》』でいう、日本には元来、道ということがなかった。それに対して、真淵はいう、人びとの心が悪くなったから、道などというものが必要になったのだ。これは、のちの宣長の「道論争」の議論と重なっている。

晩年

真淵は門人が多かった。特にその三分の一が女性で、百名以上だったことは注目に値する。

真淵は明和六（一七六九）年一〇月に、息を引き取った。若いころは苦労も多かったが、学問を大成して、充実の晩年だった。墓所は、品川東海寺の少林院の裏山にある。

11

本居宣長《もとおりのりなが》

町人か武士か中途半端な医者が
余暇に『古事記』の研究を大成

本居宣長《もとおりのりなが》は、源氏物語フリークである。

王朝文学を読むのが、面白くて面白くてしょうがない。まあ、現実逃避だ。何から逃れようとしたのか。そして結局、何と向き合ったか。孤独な日々の積み重ねが、こんなにスケールの大きな仕事になるのかと驚かされる。

松坂に生まれて

本居宣長（一七三〇―一八〇一）は、伊勢の松坂に生まれた。江戸の中期。生まれたのは町人の家である。

父は小津定利、母はかつ。

かつは、なかなか子に恵まれなかった。子宝に霊験あらたかと評判の、吉野の水分《みくまり》神社まで足を運んで参詣し、ようやく生まれたのが宣長だ。

かつは、やっと授かった長男を大事に育てた。

ビジネスは町人が主役

松坂は当時、熱気ムンムンのビジネスタウンだった。

伊勢にあるのだが、紀州藩の飛び地である。監督の武士があまりいない。町人が主役だ。京都や大坂や名古屋の消費地に近く、絶妙の位置にある。反物など新商品を開発して売り込み、成功する大商人が続出した。

いちばん有名なのは、三井家だろう。明治になって大財閥にのしあがる三井家は、松坂の旧家で、四〇〇年の歴史がある。当主は代々、三井八郎右衛門を名のり、一族で株を分け持ち、オーナー一族となっていた。大坂や江戸に店を構え、日本橋で越後屋呉服店（のちの三越）が賑わっていたほか、金融為替なども手広く扱い、当時から経済界をリードしていた。ほかにも大店が競い合い、文芸や学問も盛んで、派手な土地柄だった。

松坂に生まれた若者は、大店の息子なら、将来は店を引き継ぐ覚悟をする。そうでなくても奉公して、番頭まで勤めあげ、いずれ自分の店を構えることを目標にする。松坂は町人の町だった。

商売に向いていない

当時の子どもは学齢になると、まず読み書き算盤を習う。庶民の場合は、それですぐ、住み込みの丁稚《でっち》奉公に出される。余裕のある家では、その先の漢学の手ほどきに進む。論語を暗誦したり、和漢の典籍をひもといたりする。

宣長は、学問や文芸に興味があり、仏教（浄土宗）にも関心をもった。

弟や妹も生まれた。

＊

一一歳のとき、父が病気で死んだ。

一家には、跡取りの義兄（父の養子・定治）がいた。母かつは、子どもたちを連れて、本宅から別宅に移った。義兄は江戸で店をもっていた。

宣長は、謡曲を習ったり、京都の名所見物に出かけたり、文章を書いたり、ふらふらしていた。江戸の義兄の店を手伝いに行ってもすぐに戻ってきた。源氏物語や和歌が大好きな、文学青年なのだ。

＊

宣長は一九歳のとき、紙商いの今井田家の養子に入った。母が骨を折ったはずだ。今井田家は、ゆくゆく店を任せようと期待していたろう。でも結局、一年ほどで離縁されて戻ってきてしまう。

宣長は、商売に乗り気でなく、嫌々働いていたのだろう。和歌のことばかり考えている。そんな態度はすぐ見透かされる。ビジネスパーソン失格である。

松坂で、ビジネスパーソン失格の烙印《らくいん》を押されると、進路は絶たれてしまう。家でぶらぶらしているしかない。世間体も悪い。

＊

江戸の義兄が病気で亡くなった。宣長は江戸に出向いて、店の整理をし、半年で戻った。宣長はいまや、一家を背負う立場になった。この先のことを、真剣に考えなければならない。

医師を志す

宣長はたぶん、特異才能の持ち主だった。好きなことなら集中して、どれだけでも続けられる。誰にも負けない。将棋の藤井聡太さんのようだ。でも藤井さんも、学校で苦手な科目があったという。宣長は商売が苦手科目だ。興味がないし、やりたくない。やったとしてもうまくできない。

これは、仕方のないことなのだ。

＊

母のかつは偉かった。宣長の適性を見抜いた。そして、医者になるよう勧めた。医者になるには、京都に出て勉強する必要がある。費用がかかる。それもかなりの金額である。でも息子が生きていくには、それがよい。定収がえられるし、本人にも合っている。

家運の傾いた一家には、大きな投資だ。でも母のかつは、そう決心した。宣長も、それしかなかろうと納得した。

堀景山に入門する

宣長は、京都に出た。徒歩で数日の旅である。

京都は大都会だ。いまならさしずめ、ニューヨークに留学するような晴れがましい気分だろう。

＊

まず、堀景山《ほりけいざん》という師匠についた。

堀景山は、京都でも名のある漢学者である。儒学（朱子学）を講じていた。何を学ぶにも、漢文が自由に読み書きできなければ話にならない。今日、英語ができなければ、自然科学にもビジネスにもさしつかえるのと同じである。医学を学ぶにも、まず漢文なのだ。

堀景山はすぐれた学者で、朱子学に反対した荻生徂徠のことも高く評価し、徂徠学に通じていた。宣長は堀景山を通じて、徂徠学の手ほどきも受けることができた。

もうひとつ、堀景山は、国文学にも造詣が深かった。何より、国文学の書物を借りて読めたこと、国文学をやめなさいと言われなかったこと、がよかった。宣長は運がいい。

＊

そのあとしばらくして、医師の堀元厚《ほりげんこう》に入門した。堀元厚が翌年死亡したので、今度は、武川幸順《たけかわこうじゅん》に入門した。

医師になるのに、国家試験があるわけではない。医学書を読み、病名を覚え、診察ができ、薬を調合できるようになれば、訓練終わりである。

＊

結局、京都には、五年八カ月ほどいた。

京都にいるあいだに、姓を小津から本居にした。名前も宣長と変えた。本居は父方の先祖の旧姓である。

京都で浮かれる

宣長は京都が、楽しくてしょうがない。

勉強もそこそこに遊び歩いた。芝居を見物して、和歌の会に参加して、源氏物語を読んで、悪友と酒を酌み交わした。遊廓あたりに出入りして羽目を外したりもしたようだ。貴重な学費のむだづかいだ。酒はほどほどにしなさいとたしなめた、母親からの手紙が残っている。

＊

宣長は若いころから、源氏物語に夢中だった。

なぜ源氏物語か。男女が恋にうつつを抜かす。それは、ビジネスの反世界である。ビジネスに向かない宣長が、没入できる仮想空間だ。現実の恋ではないから、かえって純粋に浸りきることができる。

それに王朝時代には、武士がいない。

江戸時代は、武士と町人の間に垣根がある。武士は町人より上。町人は政治に口を出せない。武士はビジネスに手を出せない。人間が二種類に分けられている。宣長は町人に向かないが、武士にもなれないのだ。

王朝時代、人間はまるごとの人生を生きていた。光源氏は、恋もするし政治家でもある。イエ制度の堅苦しい道徳とも無縁である。

宣長は、医者になる。町人とも武士ともつかない、中途半端な存在だ。そして、イエ制度に縛られている。でも文学は、現実を離れた夢である。いや、夢以上の人間の真実である。だから宣長は惹かれる。

科学者（医者）であると同時に、夢想家（文学者）である。そんな二律背反を生きようとする宣長の、苦悩を照らすのが源氏物語だ。

＊

宣長はこの時期に、最初の著作、『あしわけをぶね』（排蘆小船）という源氏物語論を書いている。

流行らない医者

青春は終わる。

松坂に戻った宣長は、さっそく医者の看板を掲げた。

でも、すぐ患者が来るわけはない。手持ち無沙汰で、診療箱を手に家を出て、近くの竹林で時間をつぶした。そのせいで、竹藪通いの先生と噂された。

そのうち少しずつ、患者が来るようになった。

宣長は、真面目な医師だった。几帳面な性格で、日々の診療記録や薬代、収支などを記した記録が残っている。それなりに忙しかったようである。

*

京都文化の新しい息吹を伝えてくれる文学青年だ。松坂の文化サークルに連なるようになった。源氏物語の輪講もした。参加したのは、大店の主人や番頭衆である。

妻と子ども

宣長は三一歳のとき、村田家のみかと結婚した。四カ月もせずに、離婚した。

三三歳のとき、草深家のたみと結婚した。たみは、結婚したあと、宣長の母の名をとってかつと改名した。たみは、春庭、春村、飛騨、美濃、能登、の二男三女を生んだ。子どもを連れ、なにかと実家に帰るので、宣長は困っている。宣長の性格に、むずかしいところがあったのかもしれない。

妻のかつは、宣長が亡くなったあとも、長生きした。

松坂の一夜

そんな宣長が、ただの源氏物語オタクから、本格的な国学者に生まれ変わる日がくる。賀茂真淵との邂逅《かいこう》だ。

賀茂真淵は、宣長より三三歳年長の国学者。万葉集の研究で有名だった。宣長は書物を通じて、その独創的な研究を尊敬していた。

その賀茂真淵が、所用で松坂に逗留した。願ってもないチャンスである。でも宣長は、真淵が宿を発ったあと、そのことを知った。タッチの差だった。だが聞けば、帰路にも一泊するという。宣長はその機会を待ち構えた。

＊

そうして真淵と宣長は、一生に一度の面会を果たす。そして、学問の同志として深い契りを結ぶ。

自分はこれまで、道なき道を切り拓き、国文学の研究を進めてきた。でも、万葉集の研究で時間切れになりそうだ。残された時間は少ない。そこで、宿願である古事記の研究を、若いあなたに託したい。頼む、学問のバトンを受け継いでくれ――真淵はこう、宣長に頼んだことになっている。

真淵は、初対面の宣長が、なかなかの学力と才能の持ち主であることを見抜いた。こんな場所にこんな才能が隠れているとは。火花の散るような交流のひとときだったろう。

このあと宣長は、古事記の研究に本腰をいれて取り組む。そしてまるまる三四年をかけて、『古事記伝』四四巻を完成させた。文句なしの偉業である。

『古事記伝』のどこがすごい

宣長の『古事記伝』は、言うならば、アマチュアの仕事である。

先行業績がとくにあるわけではない。『古事記』を読むこと。そのテキストの秘密を解き明かすこと。口で言うのは簡単だが、読解の方法も、論証の手続きも、全部自

◆古事記伝

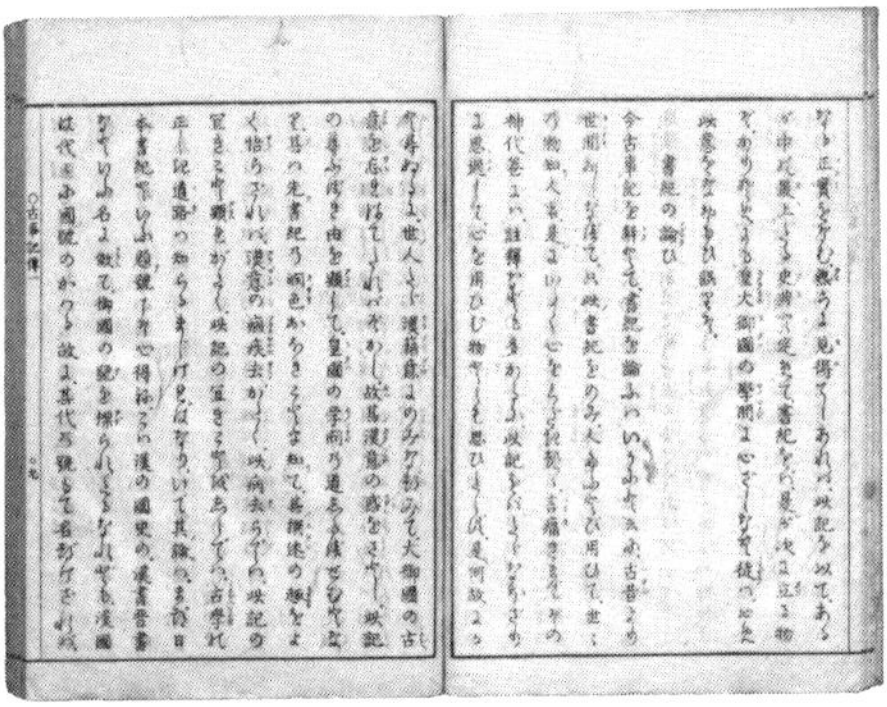

文政５（1822）年の刊本を明治期に印刷した『古事記伝』の刊本。国立公文書館蔵。

分で考えるのである。

膨大な時間がかかる。本業の医者の仕事も忙しい。寸暇も惜しい。

そこで、こんな日常になった。宣長は自宅に、中二階のロフトスペースを造った。そこに机と資料を置いて、研究を進める。邪魔が入ると嫌なので、ロフトにあがる梯《はし》子《ご》を外してしまう。誰も近づけない。なんとも自分勝手なやり方だが、これなら家人もあきらめるしかない。

春庭の眼病

宣長には長男・春庭があって、やがて宣長の研究を手伝うようになった。宣長は、だいぶ助かったようだ。ところが春庭は眼病になって、やがて失明してしまう。名医の噂を聞けば遠出をして治療を受けさせたが、効果がなかった。宣長には、思うに任せぬ出来事も多かった。

だから『古事記伝』が完成したのは、超人的な努力のたまものだ。この仕事によって国学は、朱子学に並ぶ学問としての地位を確立し、その後の日本の進路を変えたのだ。

なぜ『古事記』なのか

『古事記』はいまでこそ有名だが、ずっと『日本書紀』の蔭に隠れて、無視されてきた。『日本書紀』は正史なので格が高い。正式の漢文で書かれている。『古事記』は漢文なのか万葉仮名なのか、よくわからないスタイルで書かれていた。読み方がわからなかった。

*

賀茂真淵が『万葉集』を研究した。これが突破口だ。

前章でも紹介したが、真淵は「東野炎立所見而」を「ひむがしの野にかぎろひの立つ見えて」と読み下す。手品のようである。でも、万葉集は和歌だから、五七五七七だろう、などのヒントがある。さまざまな知識や手がかりを総動員して、読解を突き詰めるのだ。

元はと言えば、契沖が切り開いた道だ。「コヽニ難波ノ契沖師ハ、ハジメテ一大明眼ヲ開キテ、此道ノ陰晦ヲナゲキ、古書ニヨツテ、近世ノ妄説ヲヤブリ、ハジメテ本来ノ面目ヲミツケタリ」と、宣長も『排蘆小船』で言うとおりである。(城福33)

＊

『万葉集』が読めたのなら、『古事記』も読めるのではないか。ほぼ同時代の、ほぼ同様の文字づかいの書物だからだ。

『万葉集』の読解の例は、『古事記』の読解にそのまま使える。『古事記伝』の仕事は、真淵(や大勢の先行研究者)の背中に乗った仕事なのである。

用例の連立方程式

『古事記』をどう読むか。『古事記』のテキストは、漢字列である。それを、大和ことばに置き換えていく。これは、漢文では「ない」からだ。

たとえば、『古事記』の冒頭の一文、「天地初發之時」をどう読むか。

天地はアメツチかアメクニか、宣長は悩んで、真淵に質問した。クニではないでしょうか。真淵の答えは、ツチである。クニは、境界がある。ここはアメと対になり、地面の全体のことで境界がないからツチがよい。

そうやって、一つひとつ疑問をつぶしていくと、「アメツチノハジメテヒラケシトキ」という読みが現れる。こういう調子で、全文を読みくだしていくのだ。

＊

結局、『古事記伝』は、漢文のテキストを用例の塊とみて、それを連立方程式と扱い、解く作業である。すでに解けている『万葉集』ほかも、連立方程式に追加する。この作業によって、これまで読めなかった（意味もわからなかった）古代の日本のテキストが、意味あるものとして姿を現すのだ。わくわくする作業ではないか。

徂徠の古文辞学と同じ

ここで注目すべきなのは、宣長のこの方法が、荻生徂徠の古文辞学の方法とそっくりだということだ。

宣長は、徂徠の学問から影響を受けている。方法をそっくり真似していると言ってもいい。国学が、科学的で合理的で客観的な読解の方法をとることができたのは、儒学のうち古学、それも徂徠の古文辞学を参考にしたからだ。国学と儒学（古文辞学）とは、キョウダイのような関係だ。

＊

国学は、日本の古いテキストを対象にする。徂徠学は、中国の古いテキストを対象にする。対象は違う。が、方法は同じ。どちらも、テキストの意味を読解するのに、言葉一つひとつの意味を未知数と置き、用例の連立方程式を解くようにその意味を確定していくからだ。

ドグマや先入見によらないで、テキスト自身にもとづいてテキストを読解する合理的な方法。徂徠の古文辞学も、宣長の『古事記伝』も、どちらも誇るに足る日本の知的な達成である。

『古事記』に何が書いてあったか

『万葉集』と違って、『古事記』はまとまったストーリーだ。ひとつの世界観をのべている。『古事記』には要するに、何が書いてあるのか。

まとめてみると、こうだ。
・神々は、高天ヶ原にいる。それは、人間のいる地上の並行世界である。
・アマテラスの子孫が地上に降り、その子孫が天皇となった。
・人びとは、神々を祀り、天皇に従った。これが日本の、本来のあり方である。

＊

神話の世界こそが、いまの自分たちの社会の起源である。この考え方をロマン主義という。ロマン主義はしばしば、近代国家の原点になる。日本の場合も、国学が神話的ロマン主義を人びとに提供し、尊皇思想となり、明治維新（日本を形成するナショナリズム）の原動力になった。

宣長の国学はこのように、現実の歴史に果たした役割が大きいのだ。

宣長の著作

宣長は、『古事記伝』のほかにも、生涯にわたって多くの本を書いた。また、和歌を詠み続けた。本の一部を、時代順に紹介しよう。

『排葦小船』…源氏物語の評論。

『紫文要領《しぶんようりよう》』…源氏物語を、さらに踏み込んで考察する。
『石上私淑言《いそのかみのささめごと》』…もののあはれから和歌を論じた歌論集
『草庵集玉箒《そうあんしゆうたまははき》』…頓阿《とんあ》の和歌の注釈。真淵に叱責される。
『直毘霊《なおびのみたま》』…神道と日本国の基本を論ずる。直霊を改稿した。
『馭戎慨言《ぎよじゆうがいげん》』…日本の外交史。日本が世界の中心で外国に優る、とのべる。
『万葉集玉《たま》の小琴《おごと》』……万葉集の一部の歌を注釈する。
『玉くしげ』…紀州藩主の求めに応じて提出した政策提言。
『玉勝間』…さまざまな知識をちりばめた随筆集。
『源氏物語玉の小櫛《おぐし》』…源氏物語の注釈。その本質をもののあはれとする。
『うひ山ぶみ』…初学者のための学問の学び方。
晩年まで、多作であった。

門人たち

宣長の名声が拡がるにつれ、全国から入門の希望が相次いだ。当時の習慣は、様式にのっとった入門誓詞を送り、許されて入門の手続きを踏む。門人は最終的に、五百名あまりにのぼった。

平田篤胤は、入門誓詞を送ったが、宣長の臨終に間に合わなかったので、没後の弟子である。自分でそう言っているが、少し怪しい。

山桜の自賛

宣長は、還暦を迎えて、自画像を描いた。

僧侶には法服、儒者にも独自の服がある。国学者にも、独自の服がなければならない。宣長はそう考えて、新しくデザインし、それをまとって自画像に収まった。国学を宣伝するパフォーマンスである。

その賛に、自作の和歌を添えた。

志紀し満能山跡心越人とは、朝日尓、ほふや万桜花
(しきしまのやまとごころをひと問はば朝日ににほふ山桜花)

大和ごころは、山桜なのだという。

宣長は山桜に異様にこだわり、晩年に詳しい遺書を書いた。寺の墓所のほかに、裏山に墓を造れ。その脇に、こんな具合に山桜を植えろ。あの世で山桜と添い遂げようといわんばかりの、異様な雰囲気がある。

＊

大坂にいた上田秋成が、この話を聞きつけて、「しきしまの、やまとごころのなんのかの……」とからかった。大坂の都会的文化人の秋成は、宣長を田舎者めとバカにしたのだ。

日の神論争

上田秋成は宣長と、何回か論争になった。そのうち「日の神論争」が重要だ。

宣長は、アマテラスは太陽である、とのべた。上古の人びとは、天照大神を太陽そのものと信じたのです、と。

秋成は、これに噛みついた。太陽は、天体で、客観的に天空にある。その実態は、燃える火の玉だ。外国からも見える。日本人が太陽＝天照大神と信じたとしても、そんなことあるわけないじゃないか。バカも休み休み言え。

ところが宣長は動じない。古事記をちゃんと読むなら、やっぱりアマテラスは太陽です。それ以外に考えられないでしょう。

＊

噛み合っていないこの論争で、何が問題になっているのか。

秋成の言うことはわかりやすい。合理的で、科学的だ。そういう態度で世界をみれば、神秘的なことなどどこにもない。フラットな物質世界があるだけだ。

だが人びとは、自分の生きる意味や価値について考え悩む。

宣長は、神話世界がリアルに存在したことにこだわる。神話世界がリアルに存在すれば、それを生きた上古の人びとにとって、それは現実の一部だった。それが、フラットな物質世界を生きる現代のわれわれを根拠づけている。神話世界と現代をつなげるのが、天皇だ。現代を、神話世界とつなげて秩序づけるのが、尊皇思想である。

この考え方を守るために、譲らなかったのだ。

日の神論争は、その勝ち負けを越えて、日本のその後の進路を照らしている。

宣長のふたつの顔

こうして宣長には、矛盾したふたつの顔がある。

ひとつは、厳密な合理主義者の顔。文芸批評や古事記読解の方法や手並みは、第三者の検証に耐える客観的なものだ。医師の日常や金銭出納も、きっちりしている。生活を禁欲的に組織し、三〇年あまりかかって古事記の注釈を完成させた。並みの人間の努力ではない。

もうひとつは、狂信的な国粋主義者の顔。荻生徂徠の古文辞学の方法をそっくりそのまま採り入れ、古事記のテキストを解明した。ただ、徂徠が中国を理想化するのに反対し、日本こそ世界の中心で優れた国だと主張した。非合理で狂信的にみえる。

このふたつは宣長というひとりの人格に、どう統合されているのか。人びとは悩んだ。宣長理解の躓きの石である。

それは、メビウスの帯のようになっていて、表と裏は正反対だが、ひとつに結びついているのである。合理主義者の場所からそのまま国粋主義者の場所に移動できる。その逆もしかり。『小林秀雄の悲哀』で詳しくのべておいた。

最期の日々

享和元（一八〇一）年、宣長は京都に赴くなど、元気に過ごしていた。九月に病をえて、十日あまりで亡くなった。

葬儀のやり方や墓所について、詳細な指示があったので、その通りに葬った。

＊

もって生まれた才能もあったが、努力のひとだった。学問の道に進んで成功した。この時代、大学（収入が保証されるアカデミア）があったわけではない。学問の道に進むには、塾を開くか、仕官するか、副業をみつけるか、工夫が必要だった。宣長の場合は、医師になった。そのため、時間とエネルギーをとられた。それでも宣長は大部の主著を残し、歴史に名を刻んだ。苦労も多かったが、恵まれた生涯だった。

12

上田秋成《うえだあきなり》

親に捨てられた商家の養子が
大坂を代表するマルチ文化人に

上田秋成《うえだあきなり》（一七三四―一八〇九）は、商都・大坂を駆け抜けた、悲運の天才だ。

父は誰だかわからない。母は商家の出でヲサキ。四歳で、秋成は養子に出された。

自分は捨てられたのだ、とのちに秋成は言う。母ヲサキとは大きくなってから、一度会っただけだ。

養父は優しかった

秋成の養父は、堂島で紙油商を営む嶋屋の上田茂助。もとは武士で、嶋屋に養子で入り苦労した人物だった。

養子になった翌年、養母が亡くなった。

秋成は痘瘡《とうそう》にかかって死にかかった。養父の茂助は深夜に稲荷神社に詣で、どうか助けて下さいと祈った。秋成は助かったが、両手の指が一本ずつ短くなる後遺症が残ってしまった。自分は皆と違う、と意識するようになった。

茂助は後妻を娶った。秋成は虚弱体質で、ときどき癲癇のような発作を起こした。

リッチな商家の息子として大事に育てられた。

浮浪子となって

秋成が手習いをしていると、悪童が遊びに連れ出した。勉強もせず遊び回った。堂島は日本のビジネスセンターで、金がワンワンうなっている。浮浪子（のらもの）、つまりいっぱしの不良になって、あたりをのし歩いた。

十代のころから、俳諧に興味をもち、発句をつくるようになった。あちこちの句集に句が載っている。大坂にあった懐徳堂でも学んだようだ。二十代からは国学に親しんだ。

秋成は、商売に向いていなかった。文学や学問には向いている。でも、嶋屋の跡取りである。責任は重い。板挟みになって苦しんだ。

結婚する

秋成は二七歳で、植山たまと結婚する。たまは二一歳だった。

翌年には、養父の茂助が亡くなってしまう。秋成は、堂島の大店の主人になった。家族を養い、商売をもり立てる責任が、ずしりと両肩にのしかかった。

それでも秋成は、大坂の文人たちとのつきあいや、出版界との関わりをやめられない。根っからの芸術家肌で、商売に向かないのだ。

国学の師とめぐりあう

秋成は和歌や物語や、国学に興味をもって、さまざまな書物を乱読した。学問は自己流だった。そのうち幸運にも、師とよべるふたりとめぐり会った。

ひとりは、都賀庭鐘《つがていしょう》。庭鐘は医師で、中国語がよくできる。小説も書くひとだった。中国語の白話小説を、日本語に翻案する方法などを詳しく教えてもらった。秋成は、庭鐘の学塾でも学んでいる。

もうひとりは、加藤宇万伎《かとうまき》。賀茂真淵の門人である。幕府の役人で、大坂城に勤めていたとき、秋成は宇万伎と知り合い、門人になった。秋成は宇万伎や真淵の仕事に大いに興味をかきたてられ、学びを深めた。

このふたりとの出会いが、のちの『雨月物語』の成立に大きなプラスになった。

＊

当時の大坂には、多くの文人たちが活躍していた。画を描き詩を詠み書をよくし、漢籍に親しむ。しかもそれが職業でなく、余技である。眼前の現実から距離を置き、中国の理想郷に遊ぶ。ヴァーチャル・リアリティに生きる町人たち、といった趣がある。

秋成は、そうした文人サークルの一員だった。が、彼らと違って、日本の古典に深い関心をもっていた。国風で、国学者で、しかも文人という点が、ほかのみなと違った特徴だった。

小説を発表する

秋成は、『諸道聴耳世間猿《しょどうききみみせけんざる》』、『世間妾形気《せけんてかけかたぎ》』を出版した。三三歳のころだ。浮世草子というジャンルの、西鶴風の滑稽小説である。和訳太郎という筆名を用いた。

秋成の趣向は、実在の人物を登場させたこと。有名人をそれとわかるかたちで描いた。画家、相撲取り、俳諧師、遊女、小説家…。実際の出来事を素材に、自分の身の回りの人びとを取り上げる。写真週刊誌のようなゴシップ暴露が受けた。プライバシーもあったものではない。

『雨月物語』

秋成が『雨月物語』を脱稿したのは、三五歳のとき。刊行はその八年後だ。ジャンルとしては、読本《よみほん》である。中国の白話小説の翻案ものとしてスタートした。『雨月物語』は傑作である。日本の文学史に、その名を刻んだ。

内容から言えば、怪異譚である。文章がすばらしい。構成も完璧。王朝文学や散文や、さまざまな古典の文体が融合して、独特の世界をつくっている。

怪異譚は、ふだん意識下に隠れている欲望や情念や願望や恐怖や…を通じて、もうひとりの自分と対面する。それで、忘れがたい印象を心に刻む。どこか、エドガー・アラン・ポーを思わせるところがある。

＊

『雨月物語』は、白峯／菊花の約／浅茅が宿／夢応の鯉魚／仏法僧／吉備津の釜／蛇性の婬／青頭巾／貧福論、の九編からなる。

「浅茅が宿」はこんな話だ。

下総の勝四郎は、妻の宮木を残して、京に商いに出た。戦乱に巻き込まれ、山賊に襲われ、帰郷したのは七年後。妻と再会するが、翌朝、それが亡霊だったと知る。

再会した晩、妻の宮木は夫に言う、

今は長き恨みもはればれとなりぬる事の喜《うれ》しく侍《はべ》り。逢《あふ》を待間《まつま》に恋ひ死なんは、人しらぬ恨みなるべし（ずっと悩んでいたのも今は晴れたからよかった。でも逢えるのを待っていて死んでしまったらどれほどの恨みだろう）

実際には死んでしまっているのだから、深く恨んでいる。その言葉の重みを、勝四郎は翌朝思い知るのだ。

それぞれの文章が古歌を踏まえ、古典を下敷きにしている。それがわかるなら、表現の味わいは幾倍にもなるのだ。

医師になる

『雨月物語』が世に出たのはよかった。だが、堂島が大火に見舞われ、嶋屋も焼けた。養父から受け継いだ大店は、灰塵《かいじん》となってしまった。無一文だ。

悲劇である。でも、秋成にとっては、背負いきれない重荷が取り除かれた、という解放感があった。

秋成は、家族の生活を考えなければならない。医師になることにした。それから数年、医術を学び、四〇歳のとき、郊外の加島村で開業した。四三歳のときには、大坂市中の尼崎に戻っている。医師として生計を立てた点は、本居宣長と同じだ。医師の生活は忙しく、持病の癲癇によくなかったようだ。医師はサービス業で患者の機嫌をとらねばならない点も、秋成に向かなかった。

五四歳で、秋成は郊外の淡路庄村に移った。患者が少なくなったので、隠居のようなものだ。その地で、妻の母と養母が相次いで亡くなっている。妻は剃髪して、瑚璉《これん》尼《に》と名のっていた。

作家・兼・プロデューサー

『雨月物語』ができたあとも、秋成は、旺盛な執筆を続けた。

小説の類は、『書初機嫌海《かきぞめきげんかい》』、『ますらを物語』、『春雨物語』、『癇癖談《くせものがたり》』（伊勢物語のパロディ）など。

国学の研究は、『ぬば玉の巻』（源氏物語の注釈）、『漢委奴国王佩印考《かんのいとこくおうはいいんこう》』、『霊語通』

（仮名遣い研究）、『冠辞続貂』（枕詞の研究）、『遠駝延五登《おだえごと》』（古代史）など。

随筆は、『自像筥記《じしようきよき》』（自伝）、『肝大小心録』など。

和歌などは、『献神和歌帖』（加島稲荷に奉納した歌集）、『万匂集《まにおうしゆう》』（和歌集）、『俳調義論』（自撰の俳句集）、『清風瑣言』（茶の教本）、など。

＊

秋成は、自分が執筆する以外に、ほかの著者の原稿を整理したり、出版の段取りをしたり、プロデューサーの役回りもつとめた。秋成が手伝ったのは、たとえばつぎのようである。——宗因の句集『むかし口』を編集発行、加藤宇万伎『雨夜物語だみことば』を編集発行、賀茂真淵『古今和歌集打聴』の校訂、加藤宇万伎『土佐日記解』を清書、賀茂真淵『あがた居の哥集』の校訂刊行、加藤宇万伎『しづ屋のうた集』の校訂刊行、賀茂真淵『伊勢物語古意』の校訂刊行、『出雲国風土記』の校訂刊行など。

これは、秋成の能力が高く、交友関係が広く、版元に顔がきいたからである。アルバイト代を稼ぐためでもあった。

＊

秋成は、大坂の文人たちのサークルの、リーダー格だった。与謝蕪村や江戸の大田南畝とも交流している。

宣長との論争

秋成五三歳のころ、本居宣長と論争になった。宣長の章でも紹介した。

論争のテーマは、ひとつは宣長の『漢字三音考』の古代音韻論について。秋成が批判すると、宣長は「菊屋主に贈る書」で反論、秋成は「上田秋成の答書」で再反論した。宣長はこれに対して、「上田秋成論難之弁」で再々反論した。

もうひとつは、日の神について。宣長への批判に対して、宣長は『鉗狂人』という反論書を著した。これに対して、秋成は「鉗狂人上田秋成評」を書き、宣長は「鉗狂人上田秋成評之弁」を書いた。

論争の経緯は、宣長側からは『呵刈葭《かがいか》』として、秋成側からは『安々言《やすみごと》』として、書物にまとまっている。

＊

秋成がわざわざ宣長と論争したのは、宣長を学者として尊敬していたから、また、宣長の論旨に見過ごせない問題点をみつけたからだろう。秋成は、文人としての教養にかけて理を説いたが、宣長は頑として聞き入れなかった。どうしてそうなったのかは、宿題として残っている。

失意のなか、京都に移る

秋成は五七歳で、そこひを患い、左目が見えなくなった。

秋成六〇歳のとき、夫婦で可愛がっていた隣家の男の子が、四歳で亡くなった。秋成が葬式を出し、遺骨を寺に納めた。子どものない秋成夫婦は、いずれ養子に、とでも思っていたのだろう。ろうそくの炎のように、希望が消えた。見るも痛々しいほどの悲しみようだったという。

傷心の秋成夫婦は、大坂の淡路庄をひき払い、京都に移った。京都は、妻の瑚璉尼の出身地である。秋成は京都で住居を転々としながら、文人たちと交流。貧しい暮らしながらも、創作と学問に打ち込む充実した日々だった。

妻が亡くなる

京都に移って五年、妻の瑚璉尼が急に亡くなった。五八歳だった。気難しい秋成に三八年間連れ添った妻との別れである。秋成は、転げ回って地団駄踏んで、泣きに泣いたと日記に書いている。棺のなかにはこんな歌を詠んで入れた。

つらかりしこの年月のむくひしていかにせよとか我を捨てけん（つらかった長年の結婚生活の報いだと、俺を捨てていくのか、俺はどうすればいいんだ）

妻の遺品を整理すると、妻の書いた紀行文が二通出てきた。ひとつは『露分衣』、もうひとつは『夏野の露』である。秋成は、後年出版した『藤簍冊子《つづらぶみ》』の付録に、この二通の文章を収めた。

右目も見えなくなる

ところが六五歳の四月、秋成は、右目も視力を失い、全盲になってしまう。

妻が亡くなったあと、身の回りの世話が必要だろうと心配するひとがいて、貞光尼という老女とその養女の二人が、秋成のもとに同居していた。プライベートな空間もない。

五月、養女に伴われ、大坂に出向いて、眼科医・谷川良順の治療を受ける。横鍼を使う治療の効果があって、左目が少し見えるようになった。右目は見えないままだったが、ともかく読み書きができるようになった。

＊

秋成は、さまざまな不遇のうち続く生涯だったが、この出来事が、もう一度、彼の意欲に火をつけた。このあと一〇年間に、多くの仕事をなしとげることになる。

『春雨物語』

秋成晩年の大作が、『春雨物語』である。

これは、『雨月物語』と同じ読本のジャンルの作品だが、刊行されないまま写本で伝わった。内容は一〇の物語の集まり。血かたびら／天津をとめ／海賊／二世の縁／目ひとつの神／死首の笑顔／捨石丸／宮木が塚／歌のほまれ／樊噲《はんかい》の一〇篇だ。

そのうち樊噲は、こんな話だ。

伯耆（鳥取県）の大蔵は力持ちで、家の金を盗み、父と兄を殺して逃走する。中国人に樊噲とあだ名をつけられ、盗賊に加わってさんざん悪行をはたらく。あるとき僧の金を奪うと、その僧があとから追ってきて、さっき全部渡さなかったのはよくない、と残りの金も与えた。樊噲は回心し出家して、立派な和尚となった。

この話は秋成の自画像のようだ。家庭に恵まれず自分中心に過ごしてきた。それではいけないという心の声が、残りの金を渡した僧だ。力（才能）を持っていて、しかも正しく生きるとはどういうことか。それを探した一生だったのではないか。

＊

『春雨物語』は、『雨月物語』の文体と似ていない。『雨月物語』は完成度の高い優れた作品だったが、自分はそれに縛られないぞ、という宣言だ。怪異譚とみせて、自分の運命を生きていくスケールの大きい人びとの群像が描かれている。

秋成の一生

秋成は七四歳のとき、身辺整理のついでに、書きかけの草稿数十篇を井戸に捨ててしまった。過去にとらわれたくないのだ。

墓は生前、西福寺に定めてあった。文化六（一八〇九）年になると、体が弱り、知人の家に移った。同年六月に歿。七六歳だった。

＊

秋成は生涯、自由を追い求めた。ビジネスもやり医師もつとめたが、文芸や学問のほうが自分の仕事だと思っていた。しかも、決まった枠に自分をはめない。ほかの文人たちのように中国に憧れるのでなく、日本にこだわった。宣長のようにがちがちに自分の思考を固めてしまうことに反撥した。

江戸時代という型にはまった時代に、型に入りきらない，人間というものの本性を見つめ続けた。自分の自由な生き方を追求した。多くの不運や困難を引き受け、乗り越えた。そうした、悲運の才能ある「自由人」の人生を貫いたのである。

参考文献

鈴木暎一　二〇〇六『徳川光圀』吉川弘文館
太田青丘　一九八五『藤原惺窩』吉川弘文館
鈴木健一　二〇一二『林羅山　書を読みて未だ倦まず』ミネルヴァ書房
久保田暁一　二〇〇六『中江藤樹』致知出版社
川口　浩　二〇二三『熊沢蕃山　まづしくはあれども康寧の福』ミネルヴァ書房
石田一良　一九六〇『伊藤仁斎』吉川弘文館
野口武彦　一九九三『荻生徂徠　江戸のドン・キホーテ』中公新書
釈　徹宗　二〇二〇『天才富永仲基　独創の町人学者』新潮新書
三枝康高　一九六二『賀茂真淵』吉川弘文館
村岡典嗣　一九一一『本居宣長』警醒社書店　→二〇〇六　増補　平凡社
田中康二　二〇一四『本居宣長　文学と思想の巨人』中公新書
城福　勇　一九八〇『本居宣長』吉川弘文館
長島弘明・池澤夏樹　一九九一『上田秋成』新潮社

片山杜秀　二〇二一　『尊皇攘夷　水戸学の四百年』新潮選書
小林秀雄　一九七七　『本居宣長』新潮社　→二〇〇七　新潮文庫
橋爪大三郎　二〇一七　『丸山眞男の憂鬱』講談社選書メチエ
橋爪大三郎　二〇一九　『小林秀雄の悲哀』講談社選書メチエ
橋爪大三郎　二〇二〇　『皇国日本とアメリカ大権』筑摩選書
丸山眞男　一九五二　『日本政治思想史研究』東京大学出版会
山本七平　一九八三　『現人神の創作者たち』文藝春秋　→二〇〇七　ちくま文庫

おわりに

東アジアの端っこの日本は、変わった国だ。

鉄砲が持ち込まれ、キリスト教が伝わると、あわててぴったり国を閉ざした。そうやって二世紀あまり、耳と目を塞ぎ、世界の動向がわからないふりをした。

そんな日本が明治になると、あっと言う間に近代化した。軍隊も強くなり、日清戦争、日露戦争に勝利し、列強の末席に加わった。世界に例のない奇蹟のような発展である。

なぜこんなにうまく近代化できたのか。日本人はやっぱり勤勉なんですな。もともと優秀なのかもしれないし。いやいや、運がよかっただけ。欧米のやり方をサル真似しただけですよ。いろんな説があってはっきりしない。

丸山眞男は言った。その秘密は、江戸時代にありました。たとえば荻生徂徠をみなさい。山本七平は言った。いや、山崎闇斎学派のほうが重要です。

私は思う。江戸時代の人びとは、自分なりの思索を深め、やがて訪れる新しい時代に備えていた。でもそれは、誰が主役かという話ではない。日本全体がチームとして頑張っていた。日本にしかできないやり方で、世界に通用する、大事な課題と格闘していた。これをひとまとめにして、「江戸思想」と呼ぼう。

＊

江戸思想は、明治日本の土台である。その上に西欧的な制度が組み立てられた。もとの土台は見えなくなった。もう江戸思想が存在したことすら、忘れられてしまっているようだ。

本書で取り上げた一二人は、それなりに有名な人物である。教科書にだって載っている。みんな若いころ、苦労した。ぐれてヤンキーになったり、親に捨てられたり、ノイローゼで三年も引きこもったり、貧乏で飢えたり、自殺しそこねて血まみれになったり、ダメ人間のレッテルを貼られたり、…。若いときは誰でも無名だ。何ものでもない。先が見えない。それでも自分を信じて、自分の道を進むうち、なすべきことが見えてくる。ひとに役立つ仕事ができるようになる。真っ暗闇のなかで手さぐりなのは、いまの時代のあなたや私とおんなじだ。

江戸時代、志があっても不遇な、健気な若者たちがいた。彼らのおかげで、いまの時代の土台が築かれた。そのことをどうしても伝えたくて、若い世代の人びと（特に中高生のみなさん）に向けて、江戸思想の「入門書」を書かねばと思った。

＊

そこでサンプル原稿を書いてみた。本居宣長の章だ。こんな具合に一〇人ほど、江戸の思想家を紹介したいんですが。企画書をつくって、以前に『面白くて眠れなくなる社会学』の担当だった田畑博文さんに相談した。田畑さんはいま別の出版社に移っている。これはやっぱり「面白くて眠れなくなる」シリーズですね。古巣のＰＨＰエディターズ・グループ編集部に連絡してくれた。運よく企画が通った。そこで残りの各章にも着手して、原稿を書き終えたのが二〇二三年一一月。担当になった野元一哉さんと相談しながら原稿を修正し、完成させた。図版もあったほうがいいですね。野元さんやほかのみなさんにサポートいただいた。素敵な雰囲気の一冊に仕上がって、感謝している。

＊

「江戸思想」は、古い火鉢か床の間の掛け軸みたいに地味なタイトルだ。でも、読んでもらえばわかるが、中身はフレッシュ。いまの若い人びとの日常と響きあうはずだ。この本は、私自身が中高生のころ読みたかった本のつもりで書いた。ずいぶん遠回りをして、私はこの本にたどり着いた。読者の皆さんはこの本を踏み台にして、どんどんその先に進んで行ってほしい。

橋爪大三郎

二〇二四年九月一日

著者略歴

橋爪大三郎（はしづめ・だいさぶろう）

一九四八年生まれ。社会学者。大学院大学至善館リベラルアーツセンター共同センター長。東京工業大学名誉教授。主な著書に、『言語ゲームと社会理論』（勁草書房）、『はじめての構造主義』『正しい本の読み方』『ふしぎなキリスト教』（共著）（以上、講談社現代新書）、『世界がわかる宗教社会学入門』（ちくま文庫）、『権力』（岩波書店）、『丸山眞男の憂鬱』『小林秀雄の悲哀』（以上、講談社選書メチエ）、『皇国日本とアメリカ大権』（筑摩選書）、『死の講義』（ダイヤモンド社）、『面白くて眠れなくなる社会学』（ＰＨＰ研究所）、ほか。

カバーデザイン　高柳雅人
本文デザイン　宇田川由美子

面白くて眠れなくなる江戸思想

二〇二四年十月十日　第一版第一刷発行

著者　橋爪大三郎
発行者　岡　修平
発行所　株式会社ＰＨＰエディターズ・グループ
〒一三五－〇〇六一　江東区豊洲五－六－五二
☎〇三－六二〇四－二九三一
https://www.peg.co.jp/
発売元　株式会社ＰＨＰ研究所
東京本部　〒一三五－八一三七　江東区豊洲五－六－五二
普及部　☎〇三－三五二〇－九六三〇
京都本部　〒六〇一－八四一一　京都市南区西九条北ノ内町一一
ＰＨＰ　ＩＮＴＥＲＦＡＣＥ　https://www.php.co.jp/
印刷所
製本所　ＴＯＰＰＡＮクロレ株式会社

 ISBN 978-4-569-85764-0